Easy English For Persian-Speaking People

بر پایه روش GBL

By: Masoud Ghotbi

فهرست

گفتار نخست: آشنایی با الفبای زبان وحروف شناسا و ناشناس......1-7

گفتار دوم: یادگیری ساختار یک جمله انگلیسی، ضمیرهای فاعلی وکاربرد فعل to be......7-11

گفتار سوم: روش پرسش و پاسخ با بکار بردن Wh ها......12-21

گفتار چهارم: چگونه مالکیت رادر زبان نشان دهیم؟......21-26

گفتار پنجم: ضمیرهای مفعولی، انعکاسی - تاکیدی و انواع صفت ها......26-34

گفتار ششم: یادگیری زمان ها: گذشته، حال و آینده و انواع فعل ها......35-62

گفتار هفتم: بکار بردن جمله های شرطی و انواع قیدها......62-74

گفتار هشتم: جمله های مجهول، ضمیرهای مبهم و اشاره......74-95

گفتار نهم: حروف اضافه، ربط، اصطلاحات وبخش های پراکنده 95-110

گفتار دهم: تکنیک های یادگیری و روشهای پیشنهادی......111-124

2

پیشگفتار!

کتابی که در دست دارید، نتیجه چندین سال فراگیری و آموزش زبان است که به روشی آسان میکوشد تا یک دیدگاه و تصویر کلی از دستور زبان انگلیسی به شما بدهد. بخشهایی از این کتاب حذف شده یا توضیح داده نشده است. دلیل آن کاربردی نبودن یا کافی دانستن مطالب دیگر است. هدف از کتاب فراگیری دستور زبان انگلیسی در کمترین زمان برای استفاده در گفتگوهاست. مزیت خوب این کتاب در آموزش همزمان زبان فارسی و زبان انگلیسی است تا درک درستی از آموخته هایتان داشته باشید،

این کتاب کامل نیست اما میتواند در کامل نمودن به شما کمک کند چون همانند پلکانی برای رفتن به گامهای بالاتر است. نکته مهم اینکه کتاب به ده گفتار بخش بندی شده است که برخی از مطالب پراکنده به نظر میرسند اما این کار عمدی انجام شده است تا شما همیشه به گفتارهای پیشین یا بعدی نگاهی بیندازید و آموخته های خود را بازبینی و بازنگری و بازخوانی کنید.

روش **GBL** یا یادگیری بر پایه دستور از ساخته های بنده است که به دو بخش ابتدایی و پیشرفته تقسیم میشود و میتواند در یادگیری هر زبانی سودمند باشد.

Medan, Indonesia

Jun / 26 / 2013

گفتار نخست: آشنایی با الفبای زبان و حروف شناسا و ناشناس !!!

زبان انگلیسی 26 حرف دارد که به دو گروه کوچک و بزرگ بخش بندی میشوند:

حروف کوچک بدین گونه نوشته میشوند:

a, b, c, d, e, f, g, h, i, j, k, l, m, n, o, p, q, r, s, t, u, v, w, x, y, z

حروف بزرگ نیز بدین گونه نوشته میشوند:

A, B, C, D, E, F, G, H, I, J, K, L, M, N, O, P, Q, R, S, T, U, V, W, X, Y, Z

از میان این 26 حرف به 5 تای آنها صدادار یا مصوت میگویند (Vowel=) که این پنج حرف عبارتند از:

a, e, i, o, u

به 21 حرف دیگر بی صدا یا صامت (Consonant =) میگویند.

به دو حرف an و a حروف ناشناس (Indefinite Article =) میگویند چون برای یکی بودن و ناشناس بودن می آید. برای نمونه:

a man → یک مرد یا مردی   a book → یک کتاب یا کتابی

که ما نمیدانیم کدام مرد و کدام کتاب منظور گوینده است. اگر واژه ای با یکی از حروف صدا دار آغاز شود و بخواهیم مانند نمونه بالا بیان کنیم به جای a از an استفاده میکنیم مانند:

an apple → یک سیب   an orange → یک پرتقال

an Umbrella → یک چتر   an interesting book → یک کتاب جالب

نمونه زیر استثنا است چون حرف صامت در آن به گونه مصوت تلفظ نمی شود:

A University

اگر بخواهیم از شی یا چیزی آشنا حرف بزنیم که شنونده میداند یا میشناسد از حرف The استفاده میکنیم که به آن حرف شناسا (= Definite Article) میگویند. برای نمونه:

The book → کتاب / کتابه   The man → مرد / آن مرده

The table → میز / آن میز   the tree → درخت / آن درخت

- هرگز The را پیش از نام ها بکار نبرید مانند:
- The Ali –the mike

- هرگز با نام شهرها و کشورها آن را بکار نبرید. مانند: The Iran – The Italy

به جز نام برخی کشورها مانند: The U.S.A ،The UK ،The Philippines ،The U.A.E و the Netherlands

- با نام ملیت ها و زبان ها بکار نمی رود. مانند:
- The Chinese زبان چینی، اما برای اشاره به جمعیت و مردم بکار میرود. مانند: The Chinese چینی ها

- با رودخانه ها، منطقه های جغرافیایی و بیابان ها و جنگل ها و عناصر طبیعت که یکی هستند بکار میرود. مانند: The Nile رودخانه نیل، The Middle East خاور میانه، The Persian Gulf خلیج فارس. the Moon ،the Sun

❖ پیش از خیابان قرار می گیرد اما اگر نام خیابان باشد، آن را بکار نبرید. مانند:

In **the** Street — در خیابان

On George street — درخیابان جورج

On Hafez street — در خیابان حافظ

❖ همیشه آنرا با صفت برترین (Superlative=) بکار ببرید:

زیباترین **The** most beautiful، بهترین کتاب **The** best book،

بزرگترین شهر **The** biggest city

❖ در انگلیسی با افزودن (s) یک اسم را جمع میبندیم مانند:

book کتاب → books کتاب ها

street → streets خیابان ها

girl → girls دختران

boy → boys پسران

برخی از اسمها این ساختار را ندارند و باید آموخته شوند که به آنها **جمعهای بی قاعده** می گویند:

man → men مردان

woman → women زنان

tooth → teeth دندانها

goose → geese غازها

child → children بچه ها

mouse→ mice موش ها

foot → feet پا ها

برخی از صفت ها را فقط با افزودن (The) جمع می بندیم:

poor → The poor فقیران

rich → The rich ثروتمندان

aged → the aged سالمندان

needy → the needy نیازمندان

کلماتی همچون The police و The people اسم جمع هستند.

گفتار دوم: یادگیری ساختار یک جمله انگلیسی:

ضمیرهای فاعلی و کاربرد فعل to be:

اجزای یک جمله انگلیسی میتواند به گونه زیر باشد که به چیدمان آنها باید توجه کنیم:

I	see	Him	in The university	Every day.
Subject	verb	Object	Adverb of place	Adverb of frequency

- Subject همان فاعل است که انجام دهنده کاری است که می تواند اسم باشد یا ضمیر.
- Verb فعل است که نشانگر انجام دادن کاری است.
- Object مفعول است که کاری روی آن انجام می شود.
- Adverb قید است که میتواند نشانگر زمان، مکان، حالت، کمیت و کیفیت چیزی باشد. چیدمان و ترجمه این جمله در زبان فارسی بدین گونه است:

من	هر روز	او را	در دانشگاه	می بینم.
فاعل	قید زمان	مفعول	قید مکان	فعل

در زبان انگلیسی ضمیرهای فاعلی برای مفرد و جمع بدین گونه هستند:

مفرد		جمع	
I	من	We	ما
You	تو	You	شما
He, She, It	او (مرد)، او (زن)، آن (شی، جسم، ...)	They	آنها

❖ به شکل You در حالت مفرد و جمع دقت کنید. بسته به اینکه به چه کسی یا کسانی بگویید، معنای آن میتواند تو یا شما باشد.

❖ برای سوم شخص مفرد در انگلیسی ، He برای مردان یا جنس نر و She برای زنان یا جنس ماده و It برای اشیا و حیوانات بکار میروند. اما در زبان فارسی ما تنها ضمیر (او) را برای مرد و زن بکار میبریم.

فعل To be یکی از فعلهای پرکاربرد در زبان انگلیسی است که این فعل معنای بودن، هستن، وجود داشتن و گاهی هم شدن میدهد. در زمان حال به سه شکل am – is – are می آید و فاعل مربوط به خودش را میگیرد. به نمودار زیر نگاه کنید:

مفرد		جمع	
I	Am	We	are
You	Are	You	are
He, She, It	Is	They	are

همیشه پس از این فعل یک نام یا صفت قرار می گیرد. مانند:

I am a teacher من معلم هستم . It is a cat آن یک گربه است

صفت اسم

she is tired. او خسته است

He is Mr. Green او آقای گرین است . It is nice زیباست

اسم صفت

به این نوع کاربرد در زبان فارسی **جمله های اسنادی** می گویند. چون اسم ، صفت یا حالتی را به کسی یا چیزی نسبت یا استناد میدهید.

فعل To be در گذشته دو شکل دارد: Was و Were که آن را به همراه فاعلش در نمودار زیر نشان داده ایم:

مفرد		جمع	
I	Was	We	were
You	Were	You	were
He, She, It	Was	They	were

I was a student. من دانش آموز بودم.

You were here. تو اینجا بودی.

He / she was at home. او (مرد/ زن) خانه بود.

They were in the university. آنها در دانشگاه بودند.

اگر بخواهیم این جمله ها را پرسشی کنیم؛ کافی است فعل To be را پشت فاعل قرار دهیم تا جمله به آسانی، پرسشی شود.

You are a pilot. → Are you a pilot? خلبان هستی؟

He is a doctor. → Is he a doctor? آیا او دکتر است؟

They are from Germany. → Are they from Germany?

آیا آنها اهل آلمان هستند؟

برای پاسخ دادن چه به صورت کوتاه و یا پاسخ بلند، دوباره همان فعل را به جای خودش برگردانید به جز برای اول شخص که ضمیر فاعلی و فعل عوض میشوند. برای نمونه:

<u>Are you</u> a nurse? پرستار هستید؟ Yes, <u>I am</u> or No, I am not

Is he a carpenter? آیا او نجار است؟ Yes, He is or No, He is not

Are they from Italy? آیا آنها اهل ایتالیا هستند؟

Yes, They are or

No, They are not

پاسخ های کوتاه تر همانند isn't و aren't بهتر، حرفه ای تر و برای گفتگوها شایسته تر هستند. برای پاسخ بلند به این پرسش ها، کافیست اجزای دیگر جمله ها را تکرار کنیم. برای نمونه:

Is he a good friend? Yes, He is پاسخ کوتاه

Yes, He is a good friend پاسخ بلند

Are they from Iran? Yes, They are پاسخ کوتاه

Yes, They are from Iran پاسخ بلند

فعل To be در معنی (شدن) و (بودن) کاربرد فراوانی دارد. مانند:

<u>Being</u> a good teacher, is very important.

معلم خوب **<u>بودن</u>**، بسیار مهم است.

You will <u>be</u> an engineer. تو مهندس خواهی **<u>شد</u>**.

<u>Being</u> a champion, is my dream. قهرمان بودن/ شدن آرزوی من است

To be a doctor, you should study hard. برای دکتر شدن، باید سخت درس بخوانی

ترکیب فعل To be با There کاربرد بسیار فراوانی در زبان انگلیسی دارد:

There is a man in the dark. مردی در تاریکی است.

There are two people in the street. دو نفر در خیابان هستند.

There was a key on the table. یک کلید روی میز بود.

There were some fruits in the refrigerator. مقداری میوه در یخچال بود

با قرار دادن فعل To be در ابتدای جمله می توان آنها را پرسشی نمود:

Was there anybody here? آیا کسی اینجا بود؟

Is there a pen on the desk? آیا خودکاری روی میز هست؟

Were there many students in the class? آیا دانش آموزان زیادی در کلاس بودند؟

Are there many cars in the street? آیا ماشینهای زیادی در خیابان هست؟

حتمن به مفرد بودن و جمع بودن جمله ها و اسمها دقت کنید.

* There is فعل مفرد که با اسمهای مفرد بکار میرود.

* There are فعل جمع که با اسمهای جمع می آید.

گفتار سوم: روش پرسش و پاسخ با بکار بردن Wh ها:

یادگیری Wh ها نه تنها در زبان انگلیسی بلکه در هر زبان دیگری از مهمترین بخش هاست. چرا که جمله های کاربردی فراوانی با آنها ساخته و پرداخته می شوند. در اینجا کوشش بر این است تا بطور گسترده با کاربرد آنها آشنا شویم چه زمانی که در آغاز جمله می آیند و نقش مهمی بازی می کنند و چه زمانی که در میان جمله می آیند و کاربرد پیوندی و موصولی دارند. در زیر بطور جداگانه به هر کدام از آنها پرداخته ایم:

1) What

برای پرسش از هویت چیزی بکار می رود. مانند:

What is that? آن چیست؟

What are these? اینها چی هستند؟

برای پاسخ به چنین پرسشهایی، بدین گونه عمل میکنیم:

به جای ضمیر اشاره That، ضمیر فاعلی It را بکار می بریم و به جای These، ضمیر فاعلی They و به جای What باید آیتم پرسیده شده را در پایان جمله قرار دهیم:

What is that? It's a coat

What are these? They are cats

- به این نکته ها خوب دقت کنید که چگونه با ضمیر اشاره مفرد یعنی This، ما ضمیر فاعلی مفرد It را بکار می بریم و برای ضمیر اشاره جمع These، ضمیر فاعلی They آمده است.

دومین نکته که بسیار مهم است هماهنگ بودن هر فاعل با فعل To be مربوط به آن است یعنی برای It فعل is می آوریم چون سوم شخص است و مفرد و برای They، فعل جمع are را بکار می بریم چون سوم شخص است و جمع.

کاربرد این ضمیر پرسشی در میانه جمله :

می توانید آن را در میانه جمله هم بکار ببرید و همچنان معنای ((چه)) ((چه چیزی)) میدهد:

I don't know <u>what</u> to say.	نمی دانم <u>چه</u> بگویم
You know <u>what</u> I want.	تو میدانی <u>چه چیزی</u> میخواهم.
You know what I mean.	میدانی منظور من چیست.
I don't know what they were looking for.	نمیدانم بدنبال چه چیزی بودند.

(بعد از آن **فعل** یا **فاعل** قرار می گیرد) .

❖ در حالت پرسشی، جمله پس از آن بصورت ساده بیان می شود. (دیگر نیازی به جابجایی فعل و فاعل نیست) .

What <u>is that</u>?	I don't know what <u>it is</u>.
What <u>are these</u>?	I don't know what <u>they are</u>.
What was <u>that noise</u>?	I don't know what <u>it was</u>.

به قرار گرفتن و جایگاه ضمیر اشاره و فاعلی و فعل To be پس از What خوب دقت کنید. چرا که در اینجا دیگر پرسش مطرح نیست بلکه یک جمله خبری منظور است که باید به گونه معمولی و بدون لحن پرسش بیان گردد .
What را برای پرسیدن ساعت، رنگ و هویت هر چیزی بکار ببرید :

What time is it?	ساعت چند است؟
What color is this?	این چه رنگی است؟
What movie is that?	چه نوع فیلمی است؟

❖ این ضمیر پرسشی را با اصطلاح زیر، بسیار بکار می برند :

What kind of ...	چه نوع ...
What kind of medicine is this?	این چه نوع دارویی است؟
What kind of job are you looking for?	دنبال چه نوع کاری هستی؟

❖ برای بیان تعجب و شگفتی بکار میرود:

What a good food!	چه غذای خوبی!
What a good / nice weather!	چه هوای خوبی / زیبایی!
What an interesting movie?	چه فیلم جالبی !

❖ What را در پرسشهای زیر همیشه برای درک یک واژه یا منظور کسی بکار ببرید:

What's the meaning of that?	منظورت از آن چیست؟
What do you mean?	منظورت چیه؟
I mean; I don't come.	منظورم این است که؛ نمی آیم.
What does he mean?	منظورش چیه؟
What do you mean by that?	منظورت از آن چیست؟

2) Who

برای پرسش از هویت کسی بکار می رود. مانند:

Who is he?	او کیست؟
Who are they?	آنها کیستند؟
Who were they?	آنها کی بودند؟

برای پاسخ به چنین پرسشهایی باید فعل To be را به جای اول خود برگردانیم و سپس به جای Who، شخص یا نام وی را قرار دهیم:

Who is he?	He is Mr. Pride.
Who are they?	They are my students.
Who were they?	They were our new neighbors.

در حقیقت برای شما روشن شده است که Whها، همیشه در آغاز جمله می آیند و سپس هر تغییری که خواستیم، پس از آنها انجام می شود.

ضمیر پرسشی Who را در میانه جمله نیز بکار میبریم اما فراموش نکنید که دیگر پرسش در کار نیست و ما یک جمله خبری را بیان می کنیم که دیگر نیازی نیست جای فاعل و فعل To be مربوط به آن را جابه جا کنیم. به نمونه های زیر نگاه کنید:

Who <u>is</u> <u>he</u>? او کیست؟ I don't know <u>who</u> <u>he</u> <u>is</u>. من نمیدانم او کیست.

Who are they? آنها کی هستند ؟

I don't know who they are. من نمیدانم آنها کی هستند.

Do you have any idea who they were? هیچ نظری داری که آنها چه کسی بودند.

ضمیر پرسشی Who بعنوان یک موصول یا پیوند هم کاربرد دارد که معنای (که) میدهد اما نکته مهم در این گونه جمله ها، هماهنگ بودن فاعل و این Wh است:

Who is this? این کیست؟

This is a <u>man</u> <u>who</u> is manager. این مردی است که مدیر میباشد.

Who are they? آنها کیستند؟

They are <u>students</u> <u>who</u> are very clever. آنها دانش آموزانی هستند که

بسیار باهوشند.

I know a man who can fix your car. کسی را میشناسم که میتواند ماشینت را درست کند.

در اینجا، ضمیر پرسشی Who تنها معنی ((که)) میدهد و کارش پیوند نخستین جمله با دومین جمله است.

❖ پشت خط تلفن شاید شما را نشناسند و به شما بگویند:

Who is this? شما کی هستید؟

Who is speaking? شما کی هستید؟ (کی داره صحبت میکنه؟)

که در فرهنگ انگلیسی خودتان را با ضمیر اشاره معرفی نمائید و یا سؤال بپرسید:

Hello; This is John. سلام؛ من جان هستم.

Is that Mr. Brown?

آیا شما آقای براون هستید.

3) Where

این ضمیر پرسشی، برای پرسش از مکان و جا بکار میرود:

Where is he? او کجاست؟
Where are you? تو کجا هستی؟

❖ به جابجایی فعل **To be** به همراه ضمیر فاعلی دقت کنید. چون برای پاسخ دادن به چنین پرسشهایی، در جواب، آنها را باید به شکل نخست برگردانیم:

Where is he?   He is in the room.   او در اتاق است.
Where are the children? They are in the yard. آنها در حیاط هستند
Where is your father?   He is at work.   پدرت کجاست؟ سر کاره.

ضمیر پرسشی Where در میان جمله هم می آید که پیوند دهنده دو جمله خواهد بود و معنای دیگری ندارد:

Where is this place?	اینجا کجاست؟
This is a place <u>where</u> I live in.	این مکانی است <u>که</u> در آن زندگی میکنم.
Where are they?	آنها کجا هستند؟
They are in a place <u>where</u> I know.	

جایی هستند <u>که</u> میدانم / آنجا را می شناسم.

اگر بخواهیم پس از آن فعل بکار ببریم، روش کاربرد آن بدین گونه خواهد بود:

I don't know where to go.	نمی دانم کجا بروم.
I don't know where to start from.	نمی دانم از کجا آغاز کنم.

4) When

این ضمیر پرسشی، برای زمان بکار میرود:

When do you go?	کی میروی؟
When do you come back?	کی برمیگردی؟
When is your birthday?	تولدت کیه؟

همانطور که می بینید ضمیر پرسشی در آغاز جمله آمده است و سپس فعل کمکی do و فاعل قرار گرفته است. در گفتار ششم با فعل های کمکی آشنا می شویم.

اگر این ضمیر پرسشی در میانه جمله قرار گیرد، اجزای پس از آن هیچ تغییری نمی کنند:

I know when he comes here.	میدانم او کی به اینجا می آید.
Do you know when they come back?	میدانی کی بر می گردند؟
Didn't he say when he would come back?	نگفت کی بر میگردد؟

اگر بعنوان ضمیر موصولی یا پیوندی در میانه جمله فرض کنیم، تنها معنای ((که)) میدهد و دو جمله را به هم پیوند می دهد:

I saw him in 2010 when he was 27 years old.

او را در سال 2010 دیدم که 27 ساله بود.

It was Sunday when I saw him.

یکشنبه بود که او را دیدم.

به هماهنگی زمان و ضمیر موصولی خوب دقت کنید که چگونه با همدیگر و هماهنگ به کار میروند. در اینگونه جمله ها اگر When را بصورت ((وقتی که ، وقتی)) هم ترجمه کنید، همچنان معنای جمله یکی خواهد بود.

5) How

این ضمیر پرسشی، برای چگونگی و کیفیت بکار میرود. جمله های کاربردی روزانه، با این ضمیر در زیر آورده شده است:

How are you?   حالتان چطور است؟
How old are you?   چند سالتان است؟
How is it going?   چه حال؟ چه خبر؟

این ضمیر پرسشی در میانه جمله می آید و معنای خودش را حفظ می کند. مانند:

He knows how to say it.   میداند چگونه آن را بگوید.
I know how to use the verb ((To be)).

میدانم چگونه فعل ((To be)) را بکار ببرم.

I understand how you Feel
میدانم چه احساسی داری.

ضمیر پرسشی How نیز برای بیان شگفتی و تعجب بکار می رود:

How nice this flower is!
این گل چه زیباست!

How beautiful it's today!
امروز چه روز قشنگی است!

How big this house is!
چه خانه بزرگی!

6) Why

این ضمیر پرسشی بدنبال چرایی و یافتن دلیل است:

Why are you angry?
چرا عصبانی هستی؟

Why is he late?
چرا دیر کرده است؟

Why are they sad?
چرا آنها غمگین هستند؟

ضمیر پرسشی Why در میانه جمله نیز قرار میگیرد اما جمله پس از آن هیچگونه تغییری نمی کند:

I don't know why he is angry.
نمیدانم چرا عصبانیه.

I know why he is late.
میدانم چرا دیر کرده

Nobody knows why they are sad.
هیچکس نمیداند چرا آنها غمگین هستند.

باز هم تاکید می کنم که جمله دوم تنها یک گزاره خبری است و شکل پرسشی ندارد. به هماهنگی یا تطابق فعلها و فاعلهایی که زیرشان خط کشیده شده حتمن دقت کنید.

What for ?

For what ?

این دو را نیز با کمی تفاوت درکاربرد ، در اینجا بررسی کنیم !

What do you want it for? (= why)	آن را برای چه می خواهی ؟
what do you ask for?	چی میخوای؟ درخواستت چیه ؟

7) Whom

برای هویت شخص بکار می رود اما در انگلیسی گفتاری و تا حدی نوشتاری این ضمیر پرسشی چندان برجسته عمل نمی کند و کاربردی نیست:

I saw a man whom I knew.	مردی را دیدم که میشناختمش.

For whom the bell tolls.

زنگ ها برای چه کسی به صدا در می آیند .
(نام آهنگی از گروه متالیکا است) .

8) Which

این Wh برای گزینش و انتخاب یک یا چند آیتم می آید که معمولا ضمیرهای مبهم one (برای مفرد) و ones (برای جمع) پس از آن می آیند:

Which one is yours?	کدامیک مال توست؟
Which ones are his?	کدام ها / کدام یک مال اوست؟
Which car do you want?	کدام ماشین را میخواهی؟
The red one or black one?	قرمزه یا سیاهه؟

به عنوان ضمیر موصولی نیز در میان جمله می آید و معنای (که) می دهد :

It was an expensive shirt <u>which</u> I selected.

پیراهن گرانی بود که انتخاب کردم .

I got a house which is very old.

خانه ای خریدم که خیلی قدیمی است .

9) Whose

این Wh در گفتار چهارم بطور کامل شرح داده میشود .

گفتار چهارم : چگونه مالکیت را در زبان نشان دهیم ؟

Whose ضمیر پرسشی است که برای بیان مالکیت و دارا بودن چیزی بکار میبریم . همیشه پس از این Wh یک اسم قرار میگیرد . مالکیت را میتوان به چندین گونه با نام ، صفت و ضمیر ملکی بیان کنیم .

صفت های ملکی برای شش شخص بدین گونه هستند :

جمع	مفرد
Our (مال ما)	My (مال من)
Your (مال شما)	Your (مال تو)
Their (مال آنها)	His, Her, Its (مال او)

❖ صفت های ملکی همیشه با یک اسم پس از خود می آیند.

صفت ملکی Its روی هم است و شکل کوتاه شده It is یعنی It's نیست.

صفت ملکی Your دوم شخص مفرد با جمع یکی است که بسته به شرایط میتوانیم بفهمیم منظور چندین نفر است.

چندین نمونه:

Whose book is this? It's my book. (my = صفت ملکی, Book = اسم)

Whose car is that? It's your car. (your = صفت ملکی, car = اسم)

Whose boxes are these? They are his boxes. (his = صفت ملکی, boxes = اسم)

اگر بخواهیم صفت ملکی را با یک نام بیان کنیم، کافی است پس از نام مورد نظر یک حرف 's قرار دهیم. مانند:

Whose watch is this?	این ساعت کیه؟
It's Sara's	این ساعت سارا است.
Whose keys are these?	اینها کلیدهای چه کسی هستند؟
They are Mr. Pride's.	آنها کلیدهای آقای پراید هستند.

(Mr. Pride = نام , 's = نشانه مالکیت)

میتوانیم به جای صفت ملکی، از ضمیر ملکی نیز استفاده کنیم و دارا بودن چیزی را نشان دهیم. اما:

❖ ضمیرهای ملکی همواره بدون اسم می آیند که برعکس صفت ملکی هستند:

ضمیرهای شش گانه ملکی بدین گونه برای شش شخص می آیند :

جمع	مفرد
Ours	Mine
Yours	yours
Theirs	His, Hers, (-)

- ❖ می بینید که ضمیر دوم شخص مفرد و جمع یکی هستند که بسته به شرایط از یکی بودن و چند نفر بودن آن آگاه میشویم .
- ❖ ضمیر ملکی سوم شخص مفرد برای اشیا و جانوران نداریم !

- ❖ صفت ملکی و ضمیر ملکی سوم شخص مفرد برای مردان His میباشد که باید به آوردن اسم پس از آن، هنگام کاربرد دقت کنیم . چندین نمونه :

Whose pen is this?	این خودکار کیه ؟
It's <u>my</u> pen.	صفت ملکی
It's <u>mine</u>.	ضمیر ملکی
Whose passport is that?	آن پاسپورت کیست؟
It's Mike's.	نامی که مالکیت را نشان میدهد
It's <u>his passport</u>.	صفت ملکی
It's <u>his</u>.	ضمیر ملکی

Whose car is this?	این ماشین کیست؟
It's Anna's.	مال آناست.
It's Hers.	مال اوست.
It's her car.	ماشین اوست.

همچنان که در نمونه های بالا می بینید، به چندین شکل می توانیم نشان دهیم که یک چیز از آن کسی است و مالکیت آن را دارد. می توانید از ساختار زیر هم برای بیان مالکیت کاربری کنید. فراموش نکنید که این ساختار بیشتر در انگلیسی گفتاری و روزانه شنیده میشود. اما شما برای بیان منظورتان میتوانید آن را بکار ببرید. نمونه ها :

Whose mobile is this?	این موبایل کیست ؟
It's for me.	برای من است. یعنی مال من است.

Whose ticket is this?	این بلیط کیست؟
It's for me.	بلیط منه !
Is this for you?	آیا این مال شماست؟
Yes, it's for me.	بله مال من است.

نمونه زیر گفتگوی دو بازیگر در یک فیلم بود که ترجمه آن در فارسی بسیار مهم است و بهتر دانستم در این بخش به آن بپردازم.

بازیگر اول درخانه را باز می کند و شخصی را دم در می بیند. بازیگر دوم از داخل خانه پرسید:

Who is at the door?   کیه؟

                                                که دوستش در پاسخ گفت:

It's for you .   با تو کار دارند.

                                                (این در زدن برای توست)

کوشش کنید زبان انگلیسی یا هر زبان دیگری را به شکل آکادمیک و دانشگاهی و از راه درست و علمی فرا بگیرید. چون یادگیری چیزی و زندگی چندین ساله با آن و سپس پاک کردن و جایگزین نمودنش با یک مطلب تازه میتواند وقت زیادی از شما بگیرد. پس یاد بگیریم که ساختار ذهن خود را به گونه ای پرورش دهیم که درست گفتگو کردن و درست بکار بردن واژگان و دستور زبان را به خوبی بیاموزد.

علاوه بر نمونه های بالا و روش های یاد شده برای بیان مالکیت، میتوانیم فعل belong را نیز به این گروه اضافه کنیم. که این فعل به خودی خود معنای ((تعلق داشتن)) و ((مالکیت داشتن)) را میرساند. در اینجا لازم میدانم از فعل Do, does و did استفاده کنم که شما در گفتار ششم بطور کامل با آنها آشنا می شوید. اما در اینجا به ناچار باید گفتار چهارم را ببندیم تا دیگر مشکلی برای بیان مالکیت نداشته باشیم. چندین نمونه:

Does the car belong to you?   ماشین مال شماست؟

Yes, it does.

Does this mobile belong to you?   آیا این موبایل مال شماست؟

Yes, it does.   پاسخ کوتاه

Yes, it belongs to me.   پاسخ بلند

Do these lands belong to your father?   آیا این زمین ها متعلق به پدر شماست؟

Yes, they do,

No, they don't.

Did the keys belong to you?

Yes, they did

No, they did not.

❖ واژه belong اگر با ing همراه باشد و در پایان هم یک (s) جمع بگیرد؛ می تواند به معنای وسایل، جنس ها و کالا ها بکار برود:

These are my belongings. اینها وسایل من هستند.

Where are your belongings. وسایل شما کجاست؟

❖ هرگاه دو اسم به هم اضافه شوند برای نشان دادن مالکیت از حرف of بهره می گیریم که این حرف نقش یک زیر یا کسره را در زبان فارسی ایفا می کندو به آن ترکیب **مضاف و مضافٌ الیه** می گویند:

This is the key of the door. این کلیدِ خانه است.

The leg of the chair is broken. پایهِ صندلی شکسته است.

The tire of my care is flat. تایرِ ماشینم پنچر شده است.

He is the manager of the Company. او مدیرِ شرکت است.

گفتار پنجم: ضمیرهای مفعولی، انعکاسی - تاکیدی و انواع صفت ها:

ضمیر مفعولی، واژه ای است که به جای اسم می نشیند و در جایگاه سوم یک جمله قرار می گیرد. این ضمیرها برای اشخاص شش گانه بدین گونه هستند:

مفرد	جمع
Me	Us
You	You
Him, Her, It	Them

❖ ضمیر مفعولی **you** با ضمیر فاعلی آن یکی است اما کاربرد آنها در جمله شناخته می شود.

❖ ضمیر مفعولی **it** با ضمیر فاعلی آن یکی است که در میان جمله میتوان به تفاوت آن پی برد. نمونه ها:

You see → تو می بینی

I see you → من تو را می بینم

It comes → می آید

I take it → من آن را می برم

در جمله های بالا؛ I جزء اول، see و take جزء دوم و it و you جزء سوم جمله هستند:

You know me → منو می شناسی، تو من را می شناسی

He is Looking at us → دارد به ما نگاه میکند، او به ما نگاه می کند.

I helped him → بهش کمک کردم، به او کمک کردم

I contacted them → با آتها تماس گرفتم

در ترجمه این جمله ها به زبان فارسی میتوانید از حروف ((به)) ، ((را)) و ((با)) استفاده نمایید:

Can you help me? میتونی به من کمک کنی؟

I know him. او را می شناسم.

Please, give it to me. خواهش میکنم آن را به من بدهید.

اگر بخواهیم بگوییم کاری را خودم یا خودش انجام داد؛ چگونه بیان کنیم؟

در زبان انگلیسی به این گونه ضمیرها، انعکاسی یا تاکیدی می گویند. (Reflexive – Emphatic Intensive)

ضمیرهای شش گانه انعکاسی - تاکیدی به شرح زیر هستند:

جمع	مفرد
خودمان Ourselves	خودم Myself
خودتان Yourselves	خودت Yourself
خودشان Themselves	خودش Himself, Herself, Itself

برای آشنایی با کاربرد آنها، به نمونه های زیر نگاه کنید:

I did it myself.   من خودم آن کار را انجام دادم.
Keep it for yourself.   آن را برای خودت نگه دار.
I myself saw him.   من خودم او را دیدم.

❖ این ضمیر هرگاه پس از حرف By قرار گیرد، معنای به تنهایی و تنها میدهد:

I came here <u>by myself</u>.   من به تنهایی اینجا آمدم.
Did you go there <u>by yourself</u>?   شما به تنهایی آنجا رفتید؟
Where do you go by yourself?   تنهایی کجا میروی؟
She is living by Herself?   به تنهایی زندگی می کند.

Adjective:

صفت واژه ای است که برای وصف کردن واژه ای دیگر می آید و به تنهایی معنی نمی دهد. هرگاه بگویید: زیبا، هیچکس نمی داند منظور شما چیست اما هنگامی که آن را با واژه گل یا کتاب یا منظره می آورید، کامل خواهد شد: گل زیبا - منظره زیبا

در انگلیسی صفت پیش از یک نام می آید مگر برای ضمیرهای مبهم که استثنا هستند:

	ضمیرهای مبهم
Big house خانه بزرگ	Something special (ضمیری که جای اسم آمده، صفت)
Short man مرد کوتاه قد	Anything else (چیزی دیگر)
Smiling child بچه خندان Blue sky آسمان آبی	Something new (چیزی جدید)

❖ فراموش نکنیم که نمونه های استثنای بالا را به زبان خودمان ترجمه کنیم: چیز خاص، جدید، دیگر. به نمونه های زیر در جمله نگاه کنید:

He has a big garden. او باغ بزرگی دارد.

That is a nice car. ماشین قشنگی است.

I'm looking for someone special. بدنبال آدم خاصی هستم.

That is an exciting movie. این یک فیلم هیجان برانگیز است.

It's an interesting book. کتاب جالبی است.

در زبان انگلیسی سه نوع صفت برابری، برتری و برترین داریم که ما همه صفت های زبان را در این سه گروه دسته بندی نموده ایم :

1) Absolute   صفت برابری، سنجشی
2) Comparative   برتری
3) Superlative   برترین

صفت های برابری، سنجشی (Absolute =) میان دو حرف as ... as قرار میگیرند و یکسانی چیزی را برای دو نفر یا دو جاندار و اشیاء نشان میدهند :

He is <u>as</u> <u>tall</u> <u>as</u> you.

به اندازه تو بلند قد است (= قد شما یکی است)

This house is <u>as</u> <u>old</u> <u>as</u> that house.

این خانه مثل آن یکی قدیمی است.

This pen is <u>as</u> <u>black</u> <u>as</u> that pen.

این خودکار هم مثل آن یکی مشکی است.

Your brother is <u>as</u> <u>young</u> <u>as</u> my brother.

They are as <u>new</u> as these ones.

پس این نوع صفت ها، یک چیز را به یک اندازه برای دو نفر می خواهند :

Your city is as rainy as my city.   شهر شما هم مثل شهر من بارانی است.

These deserts are as windy as other places.

این بیابان ها مانند جاهای دیگر بادخیز هستند.

صفت های snowy، windy، rainy، stormy، cloudy، foggy و muggy همگی از یک اسم و حرف ((y)) ساخته می شوند و به ترتیب به معنی برفی، بادی، بارانی، طوفانی، ابری، مه آلود و گرم و مرطوب هستند.

صفت برتری یا Comparative میان دو نفر یا دو چیز سنجیده میشود که یکی از آنها بر دیگری برتری دارد. اگر آن صفت یک بخشی یا دو بخشی باشد، در پایان er میگیرد و سپس حرف than (= از) می آید:

He is taller than me. او از من بلندتر است.

You are better than him تو از او بهتری.

(better = صفت بی قاعده)

This house is bigger than that one.

این خانه از آن یکی بزرگتر است.

صفت های بیقاعده را در پایان این گفتار میخوانید.
برخی از صفت ها، هنگام ساخت یک صامت دیگر میگیرند:

big → bigger

hot→ hotter

اما زمانی که یک صفت چند بخشی باشد، پیش از صفت کلمه more را می آوریم و سپس حرف than را می افزاییم:

This movie is <u>more</u> <u>exciting</u> <u>than</u> that one.

این فیلم از آن یکی هیجان انگیزتر است. (صف= exciting)

This car is <u>more</u> <u>expensive</u> <u>than</u> yours.

این ماشین از مال تو گران تر است. (صفت =expensive)

❖ صفت برتری elder را برای اعضای خانواده بکار ببرید و older را برای عموم:

He is my elder brother.	او برادر بزرگترم است.
She is my elder sister.	او خواهر بزرگترم است.
Mike is older than me.	مایکل از من بزرگتر است.
You are older than me.	تو از من بزرگتری.

صفت های برترین (= superlative) میان چند نفر یا چند چیز سنجیده می شوند و سپس یکی از آنها بعنوان برترین، گرفته می شود. اگر صفت ما یک بخشی یا دو بخشی باشد روش کاربردش متفاوت است. بدین گونه :

tall → tall<u>er</u> → <u>The</u> tall<u>est</u>

old → older → the oldest

small → small<u>er</u> → <u>The</u> small<u>est</u>

young → younger → the youngest

می بینید که حرف The در آغاز و est در پایان صفت قرار میگیرند. نمونه ها :

This is the biggest house.	این بزرگترین خانه است.
These are the smallest animals	اینها کوچکترین جانداران هستند.

اما اگر صفت ما چند بخشی بود؛ باید چگونه عمل کنیم؟ برای این کار واژه the most را در آغاز صفت می آوریم :

The most interesting sport	جالبترین ورزش
The most beautiful moment	قشنگترین لحظه
The most exciting movie	هیجان انگیزترین فیلم
The most expensive car	گران ترین ماشین

حالا به نمونه های زیر در جمله نگاه کنید :

This is the most beautiful moment in my life.

این قشنگترین لحظه در زندگی من است.

This is the most expensive car in the world.

این گرانترین ماشین در جهان است.

This is the most exciting movie that I have ever seen.

این هیجان انگیزترین فیلمی است که تا حالا دیده ام.

❖ بخشی از صفت ها استثنا هستند و روش ساخت آنها متفاوت است. به جدول زیر نگاه کنید:

صفت برابر	برتری	برترین
Good	Better	The best
Bad	Worse	The worst
Little	Less	The least
Many	More	The most
Far	Farther	The farthest

❖ اگر صفتی حرف Y در پایان داشته باشد، نخست آن را به i تبدیل می کنیم و در پایان به آن er می دهیم تا صفت برتری درست شود. صفت برترین آن به همین شکل ساخته می شود:

Happy → Happier → Happiest   شاد و خوشحال

Angry → Angrier → Angriest   عصبانی

Dirty → dirtier → dirtiest   ناپاک

filthy → filthier → filthiest   آلوده

❖ صفت های Alone و Alive در پایان جمله می آیند. مانند:

He is alone.   او تنهاست.

He is alive.   او زنده است.

I feel alone. احساس تنهایی میکنم

اما صفت های live و lonely پیش از اسم می آیند:

This is A live match. پخش زنده = این مسابقه زنده است

He is A lonely man. او مردی تنهاست.

The lonliest man. تنهاترین مرد.

❖ واژه pretty هم صفت است و هم قید:

This is a pretty house. این یک خانه قشنگ است.

It's a pretty doll. عروشنگ قشنگ و ملیحی است.

It's pretty easy. کمی آسان است. (قید)

Prefix and Suffix ❖ پیشوند و پسوند

پیشوندها و پسوندها حرف، حروف یا واژگانی هستند که در ابتدا یا پایان یک کلمه قرار می گیرند و اسم، صفت، قید یا فعل تازه ای درست می کنند. برخی از آنها عبارتند از: ful, ly, pre, re, less, ness, a, co, sub, ism, ment, ship, age, ity, tion, un, under, semi, mid, dis, in, im, il, al, en, er, est, ic, ty, ive, ative, ous,y, anti, de, em, fore, al

1. do – **<u>re</u>**do = repeat > Verb فعل

2. care – care**<u>ful</u>** > Adjective صفت

3. careful – careful**<u>ly</u>** > Adverb قید

4. engage – engagement > Noun اسم

5. qualify – disqualify > Verb فعل

می بینید که با افزودن یک پیشوند یا پسوند اسم، صفت، قید یا فعل تازه ای درست کردیم.

گفتار ششم : یادگیری زمان ها :

گذشته ، حال ، آینده و انواع فعل ها !

یادگیری زمان برای بکار بردن درست فعل ها ، یکی از مهمترین بخش های هر زبان است. در زبان انگلیسی سه زمان گذشته ، حال ، و آینده می آموزیم که هر کدام ، چهار بخش دارند :

1) زمان حال (Present tense)

1.1. حال ساده (simple present)
1.2. حال استمراری (present continuous)
1.3. حال کامل (= ماضی نقلی) (present perfect)
1.4. حال کامل استمراری (present perfect continuous)

2) زمان گذشته (Past tense)

2.1. گذشته ساده (simple past)
2.2. گذشته استمراری (past continuous)
2.3. گذشته کامل (= ماضی بعید) (past perfect)
2.4. *گذشته کامل استمراری (past perfect continuous)

3) زمان آینده (Future tense)

3.1. آینده ساده (simple future)
3.2. آینده استمراری (future continuous)
3.3. آینده کامل (future perfect)
3.4. * آینده کامل استمراری (future perfect continuous)

زمان های ستاره دار در این کتاب بدلیل نداشتن ترجمه دقیق در زبان فارسی و کاربرد کم چندان مورد بررسی قرار نگرفته اند:

1.1. حال ساده (simple present)

بشتر گفتگوهای شما در حال ساده انجام می شود. این زمان، کاری است که بطور معمول و تکراری انجام می شود.

روش ساخت:

Subject + verb + other parts

بخشهای دیگر جمله فعل فاعل

به نمونه زیر همراه با شش فاعل نگاه کنید:

مفرد	جمع
I speak	We speak
You speak	You speak
He/she/It Speaks It runs	They speak

جمع	مفرد
صحبت می کنیم	صحبت میکنم
صحبت می کنید	صحبت میکنی
صحبت میکنند	صحبت میکند آن می دود

❖ تنها تغییر در زمان حال ساده، سوم شخص مفرد است که در یک گزاره خبری ((s)) گرفته است. اما در حالت پرسشی این ((s)) برداشته میشود. برای it فعل ((دویدن)) را بکار برده ایم.

روش پرسش و پاسخ با این زمان:

دو فعل کمکی do و does را باید در اینجا یاد بگیریم. که اولی برای همه اشخاص به جز سوم شخص مفرد بکار میرود و دومی برای سوم شخص مفرد. به نمودار زیر نگاه کنید:

مفرد	جمع
آیا می خواهم؟ Do I want ...?	آیا می خواهیم؟ Do we want ...?
Do you want ...? می خواهی؟	می خواهید؟ Do you want ...?
Does He/She/It want ...? میخواهد؟	می خواهند؟ Do they want ...?

برای پاسخ به این پرسشها بدین گونه عمل می کنیم:

Do you want ...?

Yes; I do	No; I don't	پاسخ کوتاه
Yes; I want ...	No; I don't want ...	پاسخ بلند

Does he speak English?

Yes; he does	No, he doesn't
Yes; he speaks English	No, he doesn't speak English

❖ می بینید که ((s)) سوم شخص در یک گزاره خبری می آید نه در یک جمله پرسشی و نه جمله منفی. به جمله های کامل زیر نگاه کنید:

He goes to school every day . هر روز به مدرسه می رود.

He wants to sit on this chair. میخواهد روی این صندلی بنشیند.

I need to talk to him. باید با او صحبت کنم.

They come here every other day.

آنها یک روز در میان اینجا می آیند.

❖ اگر بخواهیم دو فعل را در زمان حال بیان کنیم مانند جمله سوم؛ فعل دوم را با ((to)) می آوریم. اما گاهی این قانون انجام نمی شود مانند نمونه زیر:

I like swimming.   شنا کردن را دوست دارم.

گوینده تنها دیدگاه خود را در این جمله بیان می کند. نمونه دیگر:

It's worth spending so much time.

ارزش این همه وقت صرف کردن را دارد.

❖ فعل های زیر را با دوستتان در زمان حال کار کنید:

to eat خوردن, to give دادن, to borrow قرض گرفتن, to write نوشتن, to invite دعوت کردن

1.2. حال استمراری (present continuous)

این زمان کاری است که در حال انجام شدن است و استمرار دارد.

روش ساخت حال استمراری:

Subject + to be verb + main verb + ing

I am watching football.   دارم فوتبال نگاه میکنم.
He is washing his car.   دارد ماشینش را تمیز میکند.
They are laughing.   دارند میخندند.

پرسش کاربردی با what. سعی کنید اینگونه جمله ها را خوب بخاطر بسپارید. در نمونه زیر فعل do خودش، فعل اصلی است و معنی ((انجام دادن کاری)) را میدهد:

What are you doing?	داری چکار میکنی؟
I'm reading a book.	دارم کتاب میخوانم.
What is he doing?	او در حال انجام چه کاری است؟
He is playing chess.	دارد شطرنج بازی میکند.
What are they doing?	آنها در حال انجام چه کاری هستند؟
They are eating food.	دارند غذا میخورند.

❖ به جابه جایی فعل های to be دقت کنید . تنها برای اول شخص است که جای فعل و ضمیر فاعلی عوض شده است . چرا که از شما می پرسند پس شما هم خود را مخاطب قرار می دهید و you به I تبدیل می شود و are به am.

به ترجمه برخی جمله های حال استمراری دقت کنید:

What is he wearing?	او چه لباسی پوشیده؟
He is wearing a blue shirt.	پیراهن آبی پوشیده است.
What is he doing?	داره چکار میکنه؟
Nothing, he is just sitting there.	هیچ، فقط اونجا نشسته.

❖ واژه just یک قید است که در گفتار هفتم با انواع آن آشنا می شویم:

What's she doing? چکار داره می کنه؟

She's standing by the door.

کنار در ایستاده.

(در حال ایستادن کنار در است، ترجمه روان و شیوایی نیست)

❖ تنها با افزودن یک قید زمان میتوان، حال استمراری را به آینده تبدیل کنیم:

He is leaving tomorrow. فردا حرکت میکند.

I'm going home today. امروز به خانه می روم.

We are eating out tonight. امشب بیرون غذا می خوریم.

❖ برای پرسش و پاسخ این زمان، کافیست جای فعل to be و فاعل را جا به جا کنیم:

Is he eating food?	Yes; he is	or	No; he is not	پاسخ کوتاه
Are they playing golf?	Yes; they are	or	No; they aren't	
Are you studying?	Yes; I am		Yes; I am studying	پاسخ بلند

1.3. حال کامل (ماضی نقلی = present perfect)

ماضی نقلی یا حال کامل، زمانی است که در گذشته آغاز شده است و تا زمان حال اثری از آن مانده است.

هنگامی که می گویید ((غذا خوره ام)) یعنی ساعت 13:00 غذا خورده ام و حالا که ساعت 16:00 است احساس گرسنگی ندارم و هنوز سیر هستم.

روش ساخت:

Subject + have / has + p.p وجه وصفی یا شکل سوم فعل

دو فعل have – has هم میتوانند فعل اصلی باشند که معنای ((داشتن)) می دهند و هم میتوانند فعل کمکی باشند تا کار پرسش و پاسخ با آنها انجام شود.

❖ فعل های اصلی در زبان انگلیسی سه بخش دارند که این فعل ها اگر قاعده مند باشند تنها با افزودن یک ((ed)) ساخته میشوند و اگر قاعده مند نباشند؛ باید آنها را یاد بگیریم. به نمودار زیر برای هر کدام از آنها نگاه کنید:

حال	گذشته	بخش سوم
Am / is / are	Was / were	Been
Play	Played	Played
Speak	Spoke	Spoken
Visit	Visited	Visited
Take	Took	Taken
Watch	Watched	Watched
Go	Went	Gone
See	Saw	Seen

به نمونه های زیر نگاه کنید:

I have seen him. او را دیده ام.

You have gone there. آنجا رفته اید.

He has been there. او آنجا بوده است.

She has studied hard. خیلی درس خوانده است.

روش پرسش و پاسخ: کافی است فعل کمکی have یا has را پیش از فاعل بیاورید:

Have you been to America?

آیا آمریکا رفته ای / سفر کرده ای؟

No; I haven't.

Yes; I have been to America since 2006.

بله از سال 2006 آنجا بوده ام / زندگی کرده ام.

Has she gone to university?

آیا دانشگاه رفته است.

Yes; she has.

No; she hasn't gone to university.

❖ دو واژه کلیدی برای این زمان را یاد بگیرید: for مدت زمان را نشان می دهد و since آغاز زمان را:

I have lived there for 5 years.

5 سال آنجا زندگی کرده ام.

I have lived there since 2006

از سال 2006 آنجا زندگی کرده ام.

He has worked here since 2000.

از سال 2000 اینجا کار کرده است.

They have worked in this company for 10 years.

ده سال در این شرکت کار کرده اند.

❖ قید yet یکی از قیدهای پرکاربرد به همراه ever می باشد که این دو قید در این زمان بیشتر بکار می روند. اما yet بیشتر در جمله های منفی می آید.

Have you finished your work? کارت را تمام کرده ای؟

No, I haven't finished it yet. پاسخ بلند

No, not yet. پاسخ کوتاه (یک)

No, I haven't. پاسخ کوتاه (دو)

Have you ever been to Thailand?

آیا تا به حال تایلند رفتی؟

No, I haven't. پاسخ کوتاه

No, I haven't been to Thailand.

Have you ever seen Mr. Alex? تا به حال آقای Alex را دیدی؟

No, I haven't.

No, I haven't seen him.

با فعل های زیر، زمان حال کامل بسازید:

Read خواندن, make ساختن / درست کردن,

Take گرفتن / بردن, write نوشتن

1.4. حال کامل استمراری (Present Perfect Continues)

این زمان، هنگامی بکار میرود که بخواهید درباره کاری صحبت کنید که در گذشته آغاز شده و تا زمان حالاثر آن مانده است و تا آینده نیز ادامه دارد. بهترین نمونه آن برای یادگیری و آموزش زمانی است که میبینید باران برای چندین ساعت در حال بارش است که به شما می گویند:

از دیشب تا حالا باران یک بند / یک ریز در حال باریدن بوده :

روش ساخت : Subject + have / has + been + main verb + ing

It has been raining since last night.

از دیشب تا حالا باران یک ریز / بدون وقفه در حال باریدن است / بوده است.

I have been talking to him for 5 hours.

پنج ساعتی است که دارم با او حرف میزنم .

I have been working in this company since 2000.

از سال 2000 در این شرکت مشغول کار هستم .

می بینید که همچنان دو واژه کلیدی for برای مدت زمان و since آغاز زمان کاربرد فراوانی دارند .

در زبان فارسی چنین ساختارهایی نه تنها کاربرد فراوان دارند بلکه بسیار هم رایج و گسترده و فراگیر هستند بنابراین یادگیری آنها بسیار ضروری است .

❖ هرگز فراموش نکنید که این گونه زمانها و جمله ها برای بیان کردن، کمی دشوار هستند بنابراین برای گفتگوهای حرفه ای تر، یاد بگیریم آنها را کوتاه و فشرده بیان کنیم :

فرم رسمی و بلند   I have been practicing for 10 years.

فرم کوتاه شده   I've been /bᵊn/ practicing …

It has been raining since yesterday.

It’s been / bᵊn/ ... فرم حرفه ای تر و کوتاه

زمانهای دیگر را که تا بحال خوانده اید، فراموش نکنید که بصورت حرفه ای و کوتاه شده هم آنها را یاد بگیرید ،

نمونه های دیگر را که در زمان گذشته و آینده هم یاد خواهید گرفت؛ حتمن تمرین کنید تا آنها را به شکل کوتاه، فشرده و حرفه ای بیان کنید.

❖ در این فصل، شایسته است که با انواع فعل ها آشنا شوید تا هم برای زمان های حال آنها را بکار ببریم و هم گذشته و آینده تا اینکه بتوانیم به گونه ای هموار و بدون هیچ گرفتاری و مشکلی، نیازهای خود را برآورده سازیم. یادگیری فعل ها به معنای بیشتر گفتگو کردن و درست و منطقی گفتن نیازهای ماست.
این یادگیری تنها جنبه رسمی دارد اما شما می توانید بسیاری از هنجارها را در یک گفتمان روزانه بشکنید و از قید و بند دستور زبان خارج شوید.

2.1. گذشته ساده (simple past)

گذشته ساده زمانی بکار می رود که کاری برای یکبار در گذشته انجام و تمام شده است. برای یادگیری این زمان لازم است شما فعل را بصورت شکل دوم بیاموزید و سپس با فعل کمکی did آنها را پرسشی نمایید. فعل کمکی did که گذشته do و does است معنای مستقلی نیز دارد که همان انجام دادن کاری است:

روش ساخت: Subject + verb (past tense)

I went home. به خانه رفتم.

I saw him yesterday. دیروز او را دیدم.

You played tennis.　　　　　　　　　　تو تنیس بازی کردی.

They watched TV.　　　　　　　　　آنها تلویزیون نگاه کردند.

روش پرسش و پاسخ:

Did you go home?　　　　　　　　　　　خونه رفتی؟

Did he see you?　　　　　　　　　آیا او تو را دید؟

Did they play chess?　　　　　　آیا آنها شطرنج بازی کردند؟

❖ می بینید که فعل کمکی did برای همه یکسان است و با همه اشخاص می آید. نکته مهمتر اینکه هرگاه فعل کمکی did می آید، دیگر فعل اصلی نیازی نیست که بصورت شکل دوم بکار برود بلکه وظیفه گذشته بودن و نشان دادن آن را فعل did برعهده دارد.

حالا به پاسخ های آنها دقت کنید:

Yes, I did	پاسخ کوتاه	Yes, I went home.	پاسخ بلند مثبت
Yes, He did			
No, He didn't		He didn't see me.	پاسخ بلند منفی
Yes, They did		No, They didn't	
Yes, They played chess.			

❖ نکته استثنا این که گاهی در گفتگوهای حرفه ای فعل کمکی did را با فعل اصلی در کنار هم میبینیم که این کار برای تاکید بکار میرود:

Did you take your tablet?　　　　　آیا قرصت را خوردی؟

Yes, I did take.

Did you see him yesterday?　　　　دیروز او را دیدی؟

Yes, I did see him.

فراموش نکنیم که در اینگونه ساختارها، فعل اصلی بصورت شکل نخست خود می آید و دیگر نیازی نیست شکل دوم آن را بکار ببریم زیرا فعل کمکی did نشانه خوبی برای گذشته بودن این جمله هاست.

اگر در جمله ای فعل to be در زمان گذشته بود یعنی was و were، باید در حالت پرسشی از این فعل های کمکی بهره بگیریم و نیازی به did نیست:

They were here yesterday.	دیروز اینجا بودند.
Were they here yesterday?	
Yes, they were.	پاسخ کوتاه مثبت
No, they weren't.	پاسخ کوتاه منفی
He was with you last week.	هفته گذشته او با تو بود.
Was he with you last week?	
Yes, he was with me last week.	پاسخ بلند
No, he wasn't.	پاسخ کوتاه منفی

یک جمله پرسشی با بکار بردن where:

Where were you in the morning?	صبح کجا بودی؟
I was at work.	سرکار بودم.
Where was he last year?	سال گذشته کجا بود؟
He was in America.	او در آمریکا بود.

2.2. گذشته استمراری (past continues)

این زمان برای استمرار در گذشته و نشان دادن کاری در یک دوره زمانی است که ادامه داشته است.

روش ساخت: Subject + was / were + main verb + ing

was و were شکل گذشته فعل to be هستند که was برای سوم شخص مفرد یعنی He, She و It بکار میرود و were برای اشخاص دیگر. با I نیز فعل was می آید:

به موسیقی گوش میدادم. — I was listening to music.

با صدای بلند حرف می زدند. — They were talking loudly.

در آشپزخانه آشپزی می کرد. — She was cooking in the kitchen.

چون دو فعل was و were کمکی هستند، برای پرسش و پاسخ نیز از آنها بهره میگیریم. جمله های بالا را بدین گونه پرسشی می سازیم و پاسخ کوتاه و بلند می دهیم:

شما به موسیقی گوش می دادید؟ — Were you listening to music?

با صدای بلند حرف می زدند؟ — Were they talking loudly?

آیا او در آشپزخانه غذا می پخت؟ — Was she cooking in the kitchen?

پاسخ کوتاه — Yes, I was.

Yes, I was listening to music.

No, they were not.

No, they were’t talking loudly. پاسخ بلند

Yes, she was.

Yes, she was cooking.

در ترکیب با گذشته ساده بهتر می توان گذشته استمراری را درک کنیم:

When I went home, He was watching movie.

وقتی خانه رفتم، داشت فیلم نگاه می کرد.
گذشته ساده

He came to me while he was laughing.

در حالیکه داشت میخندید، پیش من آمد.

They were playing when I saw them.

زمانیکه آنها را دیدم، داشتند بازی می کردند.

دو واژه when و while برای ترکیب چنین جمله هایی، کلیدی و مهم هستند. میتوان این جمله ها را هم حرفه ای تر بیان کنیم:

While laughing, He came to me.

اما معنای آن همچنان یکی است.

2.3. گذشته کامل (ماضی بعید = past perfect)

این زمان برای کاری بکار می رود که پیش از انجام کاری دیگر، انجام شده است. هنگامی که به خانه می روید و می بینید که غذا آماده است یا به اداره می روید و متوجه می شوید که کارتان را انجام داده اید و تمام شده است.

روش ساخت این زمان:

Subject + had + p.p (past participle = وجه وصفی یا شکل سوم)

I had gone. رفته بودم .

He had come. آمده بود .

They had made. ساخته بودند .

فراموش نکنیم که فعل کمکی had با همه اشخاص بکار میرود :

When I went home, He had gone.

وقتی خانه رفتم ، او رفته بود (= رفتن او پیش از من انجام شده است)

When you came in, I had finished the work.

وقتی وارد شدی، کارم را تمام کرده بودم .

He had killed one police officer when we arrested him.

زمانی که اورا دستگیر کردیم ، یک مامور پلیس را کشته بود .

روش پرسش و پاسخ:

Had you finished your work when you left the office?

زمانی که دفتر کار را ترک کردی، کارت را تمام کرده بودی؟

Yes, I had. پاسخ کوتاه مثبت

No, I hadn't پاسخ کوتاه منفی

Yes, I had finished it when I left the office. پاسخ بلند

Had you seen him before? قبلا او را دیده بودی؟

Yes, I had.

No, I hadn't.

Had you seen this movie before?

Yes, I had

No, I Hadn't

2.4. گذشته کامل استمراری (past perfect continuous)
این زمان به کاری پیش از انجام کاری دیگر اشاره دارد که برای مدتی ادامه داشته است.

روش ساخت: Subject + had been + verb + ing

It had been raining for a while before we left.
پیش از آن که برویم، مدتی میشد که باران داشت می بارید.

He said: He had been trying to call me all day.
او گفت تمام روز تلاش می کرده است با من تماس بگیرد.

They had been waiting for more than 2 hours when I got there.
هنگامی که آنجا رسیدم، دو ساعت میشد که منتظر بودند.

He had been working in the office the entire night.
تمام شب در اداره مشغول کار بوده.

3.1. آینده ساده (simple future)

این زمان بسیار پرکاربرد است. به چندین روش رسمی و غیر رسمی می توان آن را ساخت. برای انجام کاری بکار میرود که در آینده ای نزدیک یا دور انجام می شود:

روش ساخت: Subject + will + main verb

فردا خواهم رفت. I will go tomorrow.

هفته آینده بر می گردد. He will come back next week.

They will choose one candidate next year.

سال آینده یک نماینده انتخاب خواهند کرد

ماه آینده اینجا خواهم بود. I will be here next month.

هرگاه فعل کمکی ما will باشد، پس می توانیم آن را برای پرسش و پاسخ بکار ببریم:

فردا با من می آیی؟ Will you come with me tomorrow?

من را آنجا می بری؟ Will you take me there?

روش پاسخ دادن:

Yes, I will.

No, I will not = No, I won't

در جمله بالا به دو شکل پاسخ منفی داده شده است که کاربرد هر یک درست است.

❖ گاهگاهی به جای will شاید فعل کمکی shall را بشنوید اما کاربرد آن بسیار کمتر است و در انگلیسی روزانه چندان برجسته و کاربردی نیست دوم اینکه با اول شخص مفرد و جمع یعنی I و We می آید:

آیا ما خواهیم مرد؟ Shall we die?

آیا تو را خواهم دید؟ Shall I see you?

فعل کمکی will برای آینده احتمالی است اگر بخواهیم قطعی و صد در صد درباره آینده صحبت کنیم از to be going to استفاده می کنیم:

I'm going to go there.   قصد دارم آنجا بروم.

He is going to come with us.   می خواهد با ما بیاید.

They are going to travel.   می خواهند سفر کنند.

برای پرسشی نمودن چنین ساختاری فعل to be را پشت فاعل می گذاریم:

Are you going to help him?   قصد داری به او کمک کنی؟

Yes, I am.

No, I am not.

شکل کوتاه شده این ساختار بسیار کاربرد دارد که باید بدرستی آن را بیان کنیم. دوم اینکه در چنین حالتی فعل دوم بدون حرف ((to)) می آید:

I am gonna go = I'm gonna go   قصد دارم بروم.

He's gonna come with us.   می خواهد با ما بیاید.

She 's gonna stay here forever.   برای همیشه می خواهد اینجا بماند.

❖ می توانیم حال استمراری را با افزودن قید آینده، به شکل زمان آینده در آوریم:

I'm leaving.   دارم حرکت می کنم (حال استمراری)

I'm leaving tomorrow.   (زمان آینده)

He is going.   (حال استمراری)

He is going next week.   (زمان آینده)

❖ یک نوع آینده نزدیک هست که می‌توانیم آن را ((در شرف)) ((در آستانه)) ((نزدیک)) ترجمه کنیم که کاربرد فراوانی هم دارد اما ساختار آن کمی فرق می کند :

روش ساخت :   Subject + to be + فعل + about + infinitive

Infinitive یعنی فعلی که همراه to می آید که به آن مصدر می گویند :

He is about to die.

او در حال مردن است (آینده بسیار نزدیک)

در شرف مردن یا نزدیک است که بمیرد.

I am about to get married.   در شرف ازدواج هستم .

You were about to kill me.

نزدیک بود من را بکشی. داشتی من را به کشتن می دادی.

(کاری که در گذشته برای آینده در حال وقوع بوده است)

شاید این ساختار و کاربرد آن برای بسیاری از غیر انگلیسی زبان ها، نا آشنا و مبهم باشد اما یقین بدانید که در صورت گفتگو با یک شخص انگلیسی زبان، به آسانی، وی می تواند حرف و جمله شما را درک کند. منظور از انگلیسی زبان کسی است که زبان اولش انگلیسی است.

کاربرد فرم کوتاه شده در آینده ساده را فراموش نکنید :

I will go = I'll go

You will see = you'll see

3.2. آینده استمراری (future continuous)

آینده استمراری زمانی است که در دوره خاص زمانی در آینده انجام و استمرار دارد. هر جا از استمراری گفته میشود منظور فعلی است که با خود ((ing)) به همراه دارد.

روش ساخت این زمان: Subject + will be + main verb + ing

به نمونه های زیر نگاه کنید:

I will be waiting for you.
منتظرت می مانم.

I will be working on that tonight.
امشب روی آن موضوع مشغول کار کردن خواهم بود

I will be practicing at home.
در خانه مشغول کار و تمرین خواهم بود.

در این جمله فعل کمکی ما will می باشد. بنابراین می توانیم از آن برای حالت پرسش و پاسخ استفاده کنیم:

Will you be waiting for me?
آیا منتظرم خواهی بود؟

Yes, I will.

No, I will not.

Will you be practicing piano tonight?
امشب پیانو تمرین می کنی؟

Yes, I will be practicing for 2 hours.
بله دو ساعت تمرین می کنم

No, I will not.

3.3. آینده کامل (future perfect)

زمانی است که پیش از انجام عملی، کامل و تمام خواهد شد و نشان می دهد کاری پیشتر از زمان خاص و معینی انجام می گیرد :

روش ساخت (1) :   Subject + will have + p.p

I'll have cleaned the room by 8:00.

تا ساعت 8 اتاق را تمیز خواهم کرد.

I'll have perfected my English before you come back.

قبل از این که برگردی، انگلیسی خود را کامل کرده ام.

By the time the guests arrive, we'll have prepared everything.

تا قبل از آمدن مهمان ها، همه چیز را آماده خواهیم کرد.

برای پرسش کافی است فعل will را پیش از فاعل قرار دهیم :

Will you have finished the project by the end of this year?

تا پایان امسال، پروژه را تمام میکنی؟

روش ساخت نوع (2) :   Subject + to be going to + have + p.p

Are you going to have done it by 5:00?

میخواهی تا ساعت 5 آن را انجام بدهی؟

I'm going to have arranged everything by tomorrow

تا فردا قصد دارم همه چیز را مرتب کنم.

He is going to have finished His dinner by 10

تا ساعت ده شامش را تمام خواهد کرد.

برای پرسشی نمودن چنین ساختاری، فعل to be را پیش از فاعل قرار دهید.

Is he going to have finished his job before Fall?

آیا پیش از پاییز می خواهد کارش را تمام کند؟

3.4. آینده کامل استمراری (future perfect continuous)

کاری است که تا مدت زمان معینی در آینده در حال انجام گرفتن خواهد بود:

روش ساخت: Subject + will have been + verb + ing

I'll have been working here for 5 years by next week.

تا هفته آینده پنج سال میشود که در اینجا مشغول کار خواهم بود.

They'll have been waiting for 2 hours when we get there.

وقتی آنجا برسیم، دو ساعت می شود که منتظر خواهند بود.

I'll have been using the car for 10 years by the end of the year.

تا پایان امسال، ده سال میشود که از این ماشین استفاده خواهم کرد. (تا پایان امسال، ده سال میشود که این ماشین، زیر پایم است).

Verbs:

در بخش پایانی گفتار ششم می خواهیم به فعل ها با دقت بیشتری نگاه کنیم و به انواع آن بپردازیم.

فعل ها گسترده ترین بخش هر زبان هستند:

1) فعل ها از دیدگاه زمان به سه بخش گذشته، حال و آینده تقسیم می شوند:

I speak	زمان حال	I visit
I spoke	زمان گذشته	I visited
I will speak	زمان آینده	I will visit

2) فعل ها از دیدگاه <u>جزو سوم یعنی مفعول</u> به دو بخش ناگذر (=لازم) و گذرا (=متعدی) درمی آیند:

I come.

I sit.

I laugh.

این جملات کامل هستندچون به مفعول نیازی ندارند. به این دست فعل ها **Intransitive** یا **لازم** می گویند.

You see

He takes

I buy

اگر بپرسیم تو <u>چه چیزی را</u> می بینی، گوینده یک جزو سوم بکار می برد. برای نمونه می گوید I see <u>the truth</u> من **حقیقت را** می بینم. به این گونه فعل ها **transitive** یا **متعدی** می گوییم.

58

3) فعل ها از دیدگاه ساختاری می توانند ساده یا ترکیبی باشند:

این گروه از فعل ها یک بخش دارند به همین دلیل به آنها فعل های Simple یا Non-compound میگویند. مانند:

to come

to see

to take

to smile

این گروه از فعل ها (افعال زیر) که با متضاد آنها نوشته شده اند، از ساخت یک فعل و حرف اضافه می آیند، به همین دلیل به آنها compound یا ترکیبی می گویند.

to turn on ≠ off

to turn up ≠ down

to get in ≠ out

to get on ≠ off

❖ تفاوت get on و get in در سوار شدن ماشین سنگین و سبک است. همچنین
get off برای ماشین سنگین و get out برای پیاده شدن از ماشین سبک بکار می روند.

4) فعل ها از دیدگاه حضور فاعل به دو بخش معلوم و مجهول در می آیند که در گفتار هشتم بهتر به آنها پرداخته ایم:

I bought a book. کتابی خریدم.

A book was bought. یک کتاب خریده شد.

به جمله نخست که فاعل دارد جمله Active (= معلوم) می گویند و به دومی Passive (= مجهول)

5) گروهی از فعل ها هستند که به آنها فعل های ناکامل یا Modal می گویند. ظاهر این افعال مانند یک فعل معمولی نیست اما معنای کامل و فعلی دارند.

فعل های can / could ، may / might ، should ، would و must بهترین نمونه فعل های مدال هستند. فعل دوم پس از این گروه همیشه بدون to می آید. خود این فعل ها میتوانند بعنوان فعل کمکی در حالت پرسشی کمک کنند. shall و will در بخش دیگری شرح داده شده اند:

May you speak louder? میشه بلندتر صحبت کنید؟

I must go. باید بروم.

You can take it. میتوانی آن را ببری.

Can you speak English? میتونی انگلیسی صحبت کنی؟

❖ can را در زمان حال بکار ببرید و could را در زمان گذشته، هر چند در زمان حال برای درخواست مودبانه هم بکار می رود اما برای آینده ساختار to be able to را یاد بگیرید:

Could you open the door, please? میشه خواهش کنم در را باز کنید؟

I will be able to speak English in one year

من می توانم یکساله انگلیسی صحبت کنم = در آینده میتوانم انگلیسی را ظرف یکسال صحبت کنم. (خواهم توانست)

مهمترین کاربرد این فعل ها شاید در بخش (التزامی) باشد که با صرف فعل ((باشدن)) ساخته می شوند:

Subject + model verb + have + p.p روش ساخت

به نمونه های زیر نگاه کنید:

Mr. Brown didn't come today. آقای براون امروز نیامد.

He must have been sick. شاید مریض شده باشد. (نتیجه گیری)

I'm sorry, I should have told you.

متاسفم، باید به تو میگفتم (اما این کار انجام نشده است)

(پند و اندرز)

He might have forgotten again. شاید دوباره فراموش کرده است.

(احتمال کاری)

He could have come on time.

میتوانست سر وقت بیاید.

(اما نتوانسته است به موقع برسد)

(توانایی انجام کاری)

He could have spoken English in 6 months.

او میتوانست ظرف 6 ماه انگلیسی صحبت کند.

(اما این کار انجام نشده است)

6)فعل دستوری ، امری یا Imperative فعلی است که برای دستور دادن و امر به کاری می آید. اگر درخواستی دارید آن را با واژه please بیان کنید:

Please, open the door. خواهش میکنم دررا باز کنید.

Please, give me a pen. خواهش میکنم یک خودکار به من بدهید.

Go there and sit down!   برو آنجا و بنشین!

Come here!   بیا اینجا!

7) فعل‌ها از دیدگاه مفرد و جمع بودن به دو شکل there is و there are بکار می‌روند:

There is a man in the house.   مردی در خانه است.

There are two men in the house.   دو مرد در خانه هستند.

برای پرسشی نمودن چنین جمله‌هایی بهتر است is و are را پشت there قرار دهیم:

Is there any car in the street?   در خیابان ماشین هست؟

Are there many books in the library?

کتابهای بسیاری در کتابخانه هست؟

Yes, there is   No, there isn't   پاسخ کوتاه

Yes, there are many books in the library.   پاسخ بلند

گفتار هفتم: بکار بردن جمله‌های شرطی و انواع قیدها:

جمله‌های شرطی و کاربرد آنها، بسیار ضروری است چرا که گفتگوهای شرطی بسیاری صورت می‌گیرد و ما نیاز داریم که منظور خود را با برخی از این جمله‌ها بیان کنیم. در زبان انگلیسی سه نوع جمله شرطی داریم که تنها نوع اول آنها درست و واقعی است و نوع دوم و سوم آنها بیشتر به صورت آرزویی و غیر واقعی است که انگار شخص از بیان

آنها به گونه ای حسرت میخورد و از کردار خودش و یا کم کاری هایش گله مند است. جمله های شرطی دارای دو بخش هستند که یک بخش را <u>if clause</u> می نامند یعنی جمله ای که با if آغاز میگردد و بخش دوم <u>if result</u> می باشد:

جمله شرطی نوع اول:

If you study hard, you will succeed.

اگر سخت مطالعه کنی، کامیاب و موفق خواهی شد.

به کاربرد زمانها در اینگونه جمله ها دقت کنید. جمله if بصورت حال ساده بیان می شود و جمله نتیجه بصورت آینده ساده. نمونه دیگر:

If you work hard, you will be rich.

اگر سخت کار کنی، ثروتمند خواهی شد.

این نوع جمله ها از دیدگاه معنی و کارکرد واقعی هستند چرا که هر کسی با سختکوشی، کامیاب و پیروز خواهد شد.

If you go to school, you will be an educated man.

اگر به مدرسه بروی (= درس بخوانی) انسان فرهیخته ای خواهی شد.

شما میتوانید جای هر دو جمله را با هم عوض کنید اما تغییری در معنا دیده نمی شود:

You will see your father, if you go there.

اگر آنجا بروی، پدرت را خواهی دید.

فعل کمکی will را در آغاز جمله قرار دهید تا حالت پرسشی بگیرد:

Will you lend me money, if I have request to you?

اگر به تو رو بیندازم (= درخواست کنم) به من پول قرض می دهی؟

Will you give this box to Mr. Alex, if you see him?

این بسته را به آقای الکس می دهی اگر او را ببینی؟

❖ آیا می توانید پاسخ این پرسشها را بدهید؟ خودتان را آزمایش کنید.

برای شرطی نوع اول می توانید از فعل های modal استفاده کنید و به گونه ای معنای آینده به آن بدهید:

If you come with me, you can see him.

اگر همراه من بیایی، میتوانی او را ببینی.

If you want, you may sit here.   اگر بخواهی، میتوانی اینجا بنشینی (= به تواجازه میدهم کنارم بنشینی)

به آسانی می توانید این جمله ها را پرسشی کنید. تنها فعل modal را پیش از فاعل قرار بدهید:

Can I come with you, if you don't mind?

اگر اشکالی نداره، میتونم با شما بیام؟

پرسشی با what :

What will you do, if you see your friend again?

اگر دوستت را دوباره ببینی، چکار می کنی؟

پاسخ این پرسش:

If I see my friend again, I'll tell him the truth.

اگر دوستم را دوباره ببینم، حقیقت را به او میگویم.

جمله شرطی نوع دوم:

در این نوع جمله ها، تنها بیان گذشته انجام می شود اما در عمل هیچ چیز روی نمی دهد. جمله شرطی بصورت گذشته ساده و نتیجه آن با فعل مدال would می آید:

If I went home, I would see him.

اگر خانه می رفتم، او را می دیدم.

If I studied hard, I would succeed.

اگر خیلی درس میخواندم، موفق می شدم.

جمله هایی که با خود would بهمراه دارند، میتوانند بصورت کوتاه شده I'd بیان گردند.

If you came to me, I'd help you.

اگر پیش من می آمدی، به تو کمک می کردم.

I'd do that, if you asked me

اگر می خواستی، آن کار را انجام میدادم.

❖ یادمان باشد در جمله های شرطی برای همه اشخاص were می آید و was کاربردی ندارد:

If I were you ...   اگر به جای تو بودم

What would you do, if you were me?

اگر به جای من بودی، چکار می کردی؟

I'd help the poor, if I were rich.

اگر ثروتمند بودم به نیازمندان کمک می کردم.

اما گاهگاهی در انگلیسی روزانه چنین ساختاری بدرستی بکار نمی رود و همان was را بکار می برند.

جمله شرطی نوع سوم :

این جمله نیز به نوعی همان شرطی نوع دوم با همان تعریف است که یک زمان به عقب رفته است یعنی جمله if clause ماضی بعید می آید و نتیجه به گونه would have + p.p بیان می شود :

If I had studied hard, I'd have been a useful man.

اگر خوب درس خوانده بودم، انسان موفق و سودمندی شده بودم.

What would you've done, if you had lived abroad?

اگر خارج زندگی کرده بودی، چکار می کردی؟

What would you've done, if you had seen her?

اگر او را دیده بودی، چکار می کردی؟

باز هم تاکید میکنم که تنها نوع اول این نوع جمله ها واقعی است.

❖ جمله هایی که با wish ساخته می شوند؛ نیز غیر واقعی هستند :

I wish; you were here.

ای کاش اینجا بودی.

I wish; I were rich.

ای کاش ثروتمند بودم.

❖ به فعل were برای همه اشخاص توجه کنید. می بینید که در زمان حال، جمله دوم گذشته ساده می آید. در حالت ماضی بعید نیز کاربرد دارد:

He wishes; he had been here.

آروز میکند کاشکی اینجا بود.

I wish; I hadn't eaten too much.

کاشکی خیلی زیاد غذا نخورده بودم.

They wish; they had been us.

آرزو می کنند کاشکی به جای ما بودند.

❖ even if برای تاکید بیشتر با این نوع ساختارها بکار می رود که معنای غیر واقعی بودن را بهتر می سازد.

<u>Even if</u> I want to visit him; they won't let me.

<u>حتی اگر</u> بخواهم او را ببینم، به من اجازه نخواهند داد.

Even if you call him, Nobody's going to answer you.

<u>حتی اگر</u> با او تماس بگیری کسی به تو جواب نمی دهد.

انواع قید:

Adverbs:

تعریف قید: واژه ای است که زمان، مکان، کیفیت، کمیت و حالت چیزی یا کسی را نشان می دهد که می تواند یک فاعل، مفعول، فعل، صفت و یا قید دیگری باشد.

دسته بندی قیدها:

1) قیدهای تکرار: Adverbs of Frequency

این قیدها برای تکرار یک رخداد، رویداد و رفتاری انجام می شوند که از صفر درصد تا صد درصد نوسان دارند. به نمودار زیر نگاه کنید که مهمترین آنها عبارتند از:

	Never	0%	
	Hardly		
I	Sometimes	%50	Exercise.
	Often		
	Usually		
	Always	100%	

من...ورزش میکنم/نمیکنم.

- Never به معنای هرگز، نقطه رو بروی Always یعنی همیشه می باشد که مفهوم جمله منفی است.

- در گروه Hardly واژه گان Hardly ever، Seldom و Rarely قرار می گیرند که همگی به معنای ((به سختی))، ((به ندرت)) و ((کم پیش آمدن)) هستند:

My heart always hurts me. قلبم همیشه درد می کند.

It hardly ever hurts me. به ندرت درد می کند.

- به روش بیان درد نیز در انگلیسی دقت کنید که چگونه با بکار بردن فعل to hurt مشکل خود را شرح دهید.

مهمترین نکته درباره این قیدها این است که همیشه پس از فاعل و پیش از فعل اصلی می آیند. مگر در جمله هایی که فعل کمکی دارند. در آن صورت پس از فعل کمکی می آیند:

I always see him. همیشه او را می بینم.

I have never been to England. هرگز به انگلیس نرفته ام.

He hardly ever comes here.   کم پیش می آید که اینجا سری بزند.

❖ از میان قیدهای تکرار تنها sometimes است که در آغاز جمله نیز بکار می رود:

Sometimes, they practice.   گاهگاهی تمرین می کنند.
Sometimes, my eyes hurt me.   گاهگاهی چشم هایم درد میکند.

Adverbs of certainty and possibility
2) قیدهای اطمینان و احتمال:

به قیدهای sure، absolutely، certainly و definitely قطعیت می گویند و به قیدهای perhaps، maybe، possibly و probably احتمال.

Do you think; he will win the match?   فکر می کنی مسابقه را می برد؟

1) Sure, definitely, absolutely   بله، قطعا، مسلما
2) Maybe, probably, possibly

شاید، احتمال دارد، ممکن است.

Adverbs of quantity
3) قیدهای مقدار:

این قیدها برای اندازه و مقدار چیزی بکار می روند که دو دسته اند. برخی از آنان برای اسمهای شمردنی و برخی دیگر برای نامهای غیر قابل شمارش بکار می روند:

Countable Nouns اسمهای قابل شمارش	Uncountable Nouns اسمهای غیر قابل شمارش
Few	Little
A few	A little
Some	Some
A lot of	A lot of
Many	Much
Any	Any

- ❖ برخی از این قید ها مشترک هستند.
- ❖ Few بسیار کمتر از A few می باشد.
- ❖ Little بسیار کم و ناچیز است.
- ❖ How much با غیرقابل شمارش ها می آید.
- ❖ How many با گروه دیگر بکار میرود.

فعل های there is، there are، have و has اینجا کاربرد بسیاری دارند:

(غیر قابل شمارش) We have some sugar / bread / water / oil and money

ما مقداری شکر، نان، آب، روغن و پول داریم.

(قابل شمارش) He has a few books, friends, pens and ...

او چند کتاب، دوست، خودکار و ... دارد.

❖ فلسفه قابل شمارش بودن و نبودن تنها در داشتن حرف (S) نیست بلکه به فرهنگ ها هم مربوط میشود. برای مثال: ما نان را می شماریم اما برای آنها به این شکل پذیرفته نیست.

❖ گاهی از ((واحد)) چیزی برای بیان آن استفاده می کنیم:

I drank two glasses of water. دو لیوان آب خوردم.

نمونه های دیگر:

Do you have some money with you? کمی پول همراهت هست؟

می توانید به گونه ای دیگر هم آن را بیان کنید:

Is there some money with you?

Are there many students in the class?

دانش آموزان بسیاری در کلاس هست؟

How much water is left? چقدر آب مانده است؟

There is a little. کمی هست

How many workers are there in this factory?

در این کارخانه چند کارگر هست؟

There are many workers in …
There are a few workers in …

Adverbs of time and place **4) قیدهای زمان و مکان:**

هر واژه ای که به نوعی نشانگر زمان یا مکانی باشد، میتواند در زیرگروه این دسته قرار بگیرد:

به قیدهای soon، later، ago، before، now، still، yet، finally، just، recently، right now، today، yesterday، this week، last year و بسیاری دیگر که به زمان اشاره می کنند، قید زمان میگویند:

See you <u>later</u> / <u>next week</u>! بعد، هفته آینده می بینمت!

I was <u>there</u> <u>last week</u>. هفته گذشته آنجا بودم.

He's just arrived. همین الان رسید.

He's already here.   الان اینجاست.
I saw him <u>in the office</u>.   او را در دفتر کار دیدم.
He was <u>at work</u>.   او سر کار بود.

❖ به قیدهای only، also و even تاکیدی یا تمرکز گرا میگویند اما only در نقش صفت هم می آید. مانند:

The <u>only</u> reason that …   تنها دلیلی که ...
صفت

<u>Only</u> by appointment!   تنها با قرار قبلی!
قید   [در مطب دکتر]
I <u>even</u> know where he is.   حتی میدانم او کجاست.

5) قیدهای حالت: **Adverbs of manner**

این قیدها می توانند یک فاعل، فعل یا مفعول را وصف کنند که بیشتر با ly دیده میشوند اما در هر زبانی یکسری استثنا وجود دارد. مانند: well، fast و hard.

Please, speak slowly!
خواهش میکنم آهسته صحبت کنید.

Please, drive carefully!
خواهش میکنم با دقت رانندگی کنید.

He went out angrily!   با عصبانیت بیرون رفت.
Rub your skin gently!
پوستتان را به نرمی ماساژ بدهید.

They are working fast / hard.

به سرعت یا به سختی کار میکنند.

I really don't know you!

واقعا تو را نمیشناسم.

Really!

جدی میگویید! جداً!

❖ اگر صفتی به (y) پایان یابد برای قید ساختن، آن را نخست به (i) تبدیل می کنیم و سپس (ly) به آن اضافه می نماییم:

Happy → Happily
angry→ Angrily

❖ قیدهای together، all together و altogether را خوب و بدرستی بکار ببریم:

Altogether, we have a good progress.

روی هم رفته، پیشرفت خوبی داریم.

We can do it together.

با همدیگر میتوانیم آن کار را انجام بدهیم.

We went there all together.

همه با هم به آنجا رفتیم.

❖ already به معنای همین الان را با all ready یکی ندانیم که معنای ((همگی آماده بودن)) می دهد:

We are all ready.

همگی آماده هستیم.

They are all ready.

همه آماده هستند.

I already told her.

همین الان بهش گفتم.

همین الان آقای جکسون را دیدم! I already saw Mr.Jackson!

گفتار هشتم: جمله های مجهول، ضمیرهای مبهم ،اشاره و حروف اضافه:

جمله های مجهول (passive sentences)، جمله هایی هستند که فاعل در آن وجود ندارد و از دیدگاه فنی این مفعول است که جای خود را به فاعل می دهد یعنی در جمله هایی که فعل گذرا یا متعدی داریم این فرم گفتاری پیش می آید چرا که ما جزء سوم یعنی مفعول را داریم که به جای فاعل آن را بکار میبریم. اما فلسفه جمله های مجهول چیست و چرا بدین گونه بکار میروند؟

در حقیقت این گوینده است که نمیخواهد نام کننده کار را بگوید دوم: فاعل یک جمله برای ما روشن نیست، سوم اینکه فاعل برای ما مهم نیست به همین دلیل جمله را به فرم مجهول در می آوریم. در کاربرد این جمله ها باید به نکته های مهمی توجه کنیم که برای این جمله ها ضروری است:

1) در جمله های مجهول، فاعل حذف میشود و مفعول به جای آن قرار میگیرد.

2) هرگز هماهنگی زمان و فعل بکار رفته را فراموش نکنیم. یعنی جمله معلوم در هر زمانی اتفاق افتاد، جمله مجهول نیز باید در همان زمان صرف شود.

3) به ساختار و طرح کلی جمله معلوم نگاه کنیم و سپس اجزای آن را یک به یک به فرم مجهول در آوریم.

فراموش نکنیم که تا به حال چه زمانهایی را خوانده ایم و آموخته ایم. باید این نکته را نیز بیافزاییم که همه زمانها بجز چند نمونه؛ جمله و ساختار مجهول دارند. در پایان این بخش جمله های سببی نیز خواهند آمد که در دو حالت معلوم و مجهول بیان می گردند:

روش ساخت: Object + فعل کمکی + to be verb + p.p

فعل **to be** در همه جمله ها و زمانها حضور دارد اما در برخی زمانها علاوه بر آن یک فعل کمکی دیگر دارند مانند: **will**، **have**، **been** که باید پیش از فعل **to be** قرار گیرند. در اینجا سعی شده است مهمترین زمانها و کاربردهای فرم مجهول برای نمونه آورده شود:

حال ساده I <u>read</u> a <u>book</u>.

فاعل فعل مفعول

A book is read /rəd/. یک کتاب خوانده می شود.

روش کار و توضیح این جمله:
1) نخست مفعول را در جایگاه فاعل قرار دادیم.
2) چون این مفعول مفرد است، فعل **is** را پس از آن آوردیم.
3) سپس شکل سوم فعل **read** را که بصورت /rəd/ خوانده می شود، آوردیم.

I am reading a book. دارم یک کتاب می خوانم.
A book is being read. یک کتاب خوانده می شود.

تعجب نکنید در حالت های استمراری **being** می آید تا استمرار را نشان دهد اما **is** زیر شاخه فعل **to be** است.
یک نمونه دیگر استمراری:

He is taking the man to the hospital.

او دارد آن مرد را به بیمارستان می برد.

The man is being taken to the hospital.

آن مرد را به بیمارستان می برند.

چندین نمونه برای حال کامل و حال کامل استمراری:

I have eaten the food.   من غذا را خورده ام.

The food has been eaten.   غذا خورده شده است.

چون the food مفرد است فعل have به has تبدیل شده و سپس فرم کامل فعل to be یعنی been آمده و در پایان فعل به شکل p.p یا وجه وصفی.

He has written an email.

An email has been written.

شاید با جمله زیر بسیار آشنا باشید که در جهان مجازی یعنی internet دیده اید:

Your email has been sent successfully.

نامه شما بطور موفق آمیز فرستاده شده است اما برای ما، کاربران روشن نیست چه کسی آن را فرستاده یا بطورکلی فرستنده مهم نیست.

I have been writing a book.   در حال نوشتن کتابی بوده ام.

A book has been being written.

کتابی در حال نوشتن و نوشته شدن بوده.
(در حال نوشتن کتابی بوده اند).

در این ساختارها حتی اگر در پایان جمله حرف by را هم با فاعل بیاورید، همچنان مجهول هستند.

The book has been written by me. .کتاب توسط من نوشته شده است

❖ این جمله همچنان مجهول است چون ساختار هماهنگ و نظام مندی ندارد که بر پایه دستور زبان انگلیسی باشد.

جمله های مجهول با زمانهای گذشته:

I washed the dishes. .ظرفها را شستم

The dishes were washed.

ظرف ها شسته شدند یا ظرف ها را شستند.

I was helping the old man. .به آن پیرمرد کمک می کردم

The old man was being helped. .به آن پیرمرد کمک میشد (کمک می کردند)

به هماهنگی **فعل و زمان آن** خوب دقت کنید.

They had built a new apartment.

A new apartment had been built by them.

ساختمان جدیدی توسط آنها ساخته شد.

They had written a declaration.

آنها یک بیانیه نوشته بودند.

A declaration had been written by them.

به جمله های مجهول آینده نگاه کنید و سپس کوشش کنید خودتان جمله های دیگری بسازید:

I will buy a new mobile. .تلفن همراه جدیدی خواهم خرید

A new mobile will be bought.

تلفن جدیدی خریده خواهد شد.

They will invite you.

آنها تو را دعوت خواهند کرد.

You will be invited by them.

تو دعوت خواهی شد. (دعوتت میکنند)

I will be washing the dishes at 8:00.

ساعت هشت ظرفها را میشویم.

The dishes will be being washed at 8:00.

ساعت هشت ظرفها شسته میشوند.

They will have completed the work by 2014.

آنها کار را تا سال 2014 کامل خواهند کرد.

The work will have been completed by 2014.

تا سال 2014 کار کامل خواهد شد.

Causative sentences

جمله های سببی:

این نوع جمله ها به دو گروه معلوم و مجهول دسته بندی میشوند که با فعل های let، make، get و have ساخته می شوند.

I let <u>you</u> go.

به تو اجازه میدهم بروی.

I made <u>him</u> go.

او را وادار کردم برود.

I'm going to get a <u>mechanic</u> to fix my car.

میخواهم یک مکانیک ماشینم را درست کند.

I'll have him buy a mobile phone for me.

او را وادار می کنم که برایم یک موبایل بخرد.

در اینگونه جمله ها انجام دهنده کار شخص دوم است که در اینجا you، him و مکانیک هستند و همگی جمله ها معلوم.

I got my car fixed.

ماشینم را دادم تعمیر کردند.

I had my hair cut.

موهایم را دادم کوتاه کردند.

He had his car washed.

ماشینش را داد شستند.

I'm going to get my house painted.

خانه ام را میخواهم بدهم رنگ کنند.

I got Mike to arrange everything.

از مایک خواستم همه چیز را مرتب کند.

در گروه دوم می بینید که کننده کار معلوم نیست. این نوع جمله ها در زبان فارسی بسیار کاربردی هستند.

ضمیرهای مبهم : Indefinite pronouns

به ضمیرهایی گفته میشوند که میتوانند از یک شخص تا تمام اشخاص یک گروه را در برگیرند و به اشیا هم مربوط میشوند.

واژگان anybody، no one، each، all، something، everything، several و none در حقیقت ضمیرهای مبهم هستند که میتوانند مفرد و جمع بکار روند.

به نمونه های زیر دقت کنید:

Nobody knows about this lesson.

هیچکس درباره این درس چیزی نمی داند. (مفرد و سوم شخص)

All of the people clapped their hands.

همه افراد تشویق نمودند. (= دست زدند)

Does anybody have question? آیا کسی پرسشی دارد؟

Is there anybody here? کسی اینجاست؟

Each of the people voted. همه رای دادند.

❖ each میتواند در حقیقت یک صفت مبهم باشد.

Demonstrative Pronouns ضمیرهای اشاره:

این ضمیرها بسیار آسان و کاربردی هستند که برای اشاره به کسی یا چیزی که از ما فاصله دور یا نزدیک دارد، بکار میروند:

	Near نزدیک	Far دور
Singular	This	That
Plural	These	Those

در کاربرد این ضمیرها، به هماهنگی فعل دقت کنیم:

This is a book.

مفرد مفرد مفرد

These are books.

جمع جمع جمع

This is a map.	این یک نقشه است.
Those are my shoes.	اونها کفشهای من هستند.

(گاهی این نوع جمله ها مفرد ترجمه میشوند.
اون کفش منه !)

نمونه های دیگر:

These are my shorts.	این شلوارک من است.
They are my slippers.	آن دمپایی من است.

برای پرسش و پاسخ فعل to be را پیش از این ضمیرها بکار می بریم:

Is this your pen?	این خودکار توست؟
Are these your glasses?	این عینک توست؟

❖ در انگلیسی کفش، شلوار، شلوارک و جوراب به صورت جمع بکار میروند حتی اگر یکی مثلا یک لنگه کفش منظور باشد.

❖ هرگاه پس از این ضمیرها اسم بیاید، به آنها صفت اشاره (= Demonstrative adjective) میگویند.

This car is mine.   این ماشین مال من است.
  صفت اسم

That house is ours!   آن خانه ماست
  صفت اسم

❖ such نیز میتواند در نقش یک ضمیر اشاره یا صفت بکار رود:

I've never seen <u>such</u> a <u>person</u>. هرگز چنین شخصی را ندیده ام.

اسم صفت اشاره

Horse, cow, sheep and <u>such</u>, are useful animals.

ضمیر اشاره

اسب، گاو، گوسفند و چنین حیواناتی، سودمند هستند.

Such as برای برشمردن این اسم ها و صفت ها بکار میرود که در میان جمله می آید و برابر با for example، for instance و e.g و like می باشد:

I like many music styles such as : pop, country and classic.

من سبک های موسیقی فراوانی را دوست دارم مانند پاپ، کانتری و کلاسیک.

Prepositions: حروف اضافه:

بخش حروف اضافه از مهمترین و پیچیده ترین بخشهای زبان انگلیسی می باشد. چرا که گاهگاهی برای بکار بردن حرف

(in) یا (at) سردر گم می شویم که کدام یک بهتر است. در این کتاب کوشش نموده ام تا حد امکان بطور گسترده به این حروف پرداخته شود.

*در زبان فارسی به کلمه ای که پس از حرف اضافه می آید متمم می گویند و متمم به معنی تکمیل کننده است.

مانند: او از **<u>دانشگاه</u>** آمد.

متمم

1) In

این حرف در موارد زیر بکار میرود:

a) پیش از سال می آید:

in 2004, in 1998

b) پیش از اوقات روز می آید:

in the morning, in the afternoon, evening

c) برای نشان دادن ابزار کاری می آید:

با خودکار بنویس!   Write in pen!
با مداد بنویس!   Write in pencil!

d) برای کاربرد زبان می آید:

Please, say it in English.

خواهش می کنم آن را به انگلیسی بگو.

e) میتواند ظرف زمانی باشد:

I can do it in two minutes.

میتوانم آن کار را در ظرف دو دقیقه انجام دهم.

f) برای نشان دادن مکان بکار می رود:

در اتاق   in the room

در دانشگاه   in the university

g) ترکیب in front of قیدی می سازد که متضاد opposite است:

He is in front of me.

او روبروی من است.

2) On

a) نشانگر مکان است:

on the table	روی میز
on the left / right	سمت چپ، راست
on the bus	در اتوبوس

b) با نام خیابان می آید و گرنه همان in درست است:

on white street	در خیابان وایت

c) پیش از واژه foot قرار میگیرد و معنای پیاده، پابرهنه میدهد:

I came here on foot.	پیاده آمدم.

d) با فعل ترکیب میشود و معنای بخاطر، به مناسبت، برای میدهد:

Congratulation on ...	تبریک بخاطر
insist on	پافشاری برای کاری کردن

e) با اسم و قید نیز بکار میرود:

from now on	از این پس
from then on	از آن به بعد
on the occasion	به مناسبت

f) با روزهای هفته بکار میرود:

on Sunday	روز یکشنبه
on Fridays	جمعه ها

❖ above و over در معنای نخست با on یکی هستند اما over معنای دقیقترو گسترده تری دارد:

It's over. تمام شد. Game is over. بازی تمام.

Over and over. بارها All over the world. سراسر جهان

نقطه مقابل آنها under، below و beneath هستند که under به معنای ((زیر)) عمومی تر و کاربردی تر میباشد.

I'm under cover. من را حمایت می کنند.

It's under the table. زیر میز است.

below را برای دمای هوا بکار میبرند. شما میتوانید با آن به پایین همین صفحه هم اشاره کنید.

above $37^0 \neq$ below 37^0 below this page در پایین این صفحه

beneath رسمی تر است مثلا زمانی که منظور طبقه پایین جامعه باشد:

You think we are beneath you?

آیا تو فکر میکنی ما زیردست و فرودست تر از تو هستیم؟ (با لحن کلام جمله را پرسشی کنید)

3) at

a) اوقات شب و روز را بیان میکنند:

at noon ظهر

at night شب

at midnight نیمه شب

b)نشانگر پایان هفته است:

at the weekend	در آخر هفته

c) با مکان هم بکار میرود:

at the beach	در ساحل
at work	سرکار
at the university	در دانشگاه (منظور حیاط آن است)

d) با برخی فعل ها می آید و معنای ((به)) می دهد:

Look at him!	به او نگاه کن!
They laughed at him.	به او خندیدند.

4) about, around

a) حدود زمانی را نشان میدهد:

about three hours	نزدیک به سه ساعت
about one week	حدود یک هفته

❖ در اینجا با almost به معنی ((تقریبا)) و ((حدود)) برابر است.

b) حدود مکانی را نشان میدهد:

about 5 kilometers	
about 3 miles	

c) به معنی آستانه و در شرف چیزی:

He is about to fall.	دارد می افتد.
He is about to die.	در شرف مردن است.
He is about to get married.	در آستانه ازدواج است.

around بیشتر دور تا دور و گرداگرد چیزی را شامل می شود.

The earth turns around the sun. زمین به گرد خورشید می گردد.

Turn around! بچرخ!

5) with

a) میتواند ((با)) و ((همراه)) معنی بدهد:

I with you

b) معنی ((از)) می دهد:

He is angry with you. از دست تو عصبانی است.

They are satisfied with you. از تو راضی هستند.

c) با حرف ((in)) ترکیب میشود و واژه دومی می سازد که معنای (ظرف مدت) به جمله میدهد:

I will join you within one day. ظرف یک روز به شما می پیوندم.

d) با out ترکیب می شود و واژه دیگری میسازد که معنای ((بدون)) میدهد:

without you بدون تو

Never live without aim!

هرگز بدون آرمان و هدف زندگی مکن!

6) From

a) میتواند آغازگر زمان یا فاصله مکانی باشد که در این معنی با حرف ((to)) می آید:

از ساعت 5 تا 8   from 5:00 to 8:00

از انگلستان تا آمریکا   from England to America

b) با برخی فعل ها ترکیب میشود:

اهل کجا هستی؟   Where do you come from?

I'm from America.

c) برای اشاره به مکان محدود و بسته:

از این بند تا بند دیگر.   from this paragraph to the next one.

7) Of

a) معنی ((از)) میدهد و در نمونه زیر اصطلاح می باشد:

من از ... می ترسم.   I'm afraid of ...

b) با فعل می آید و همان معنای نخست را دارد:

محروم کردن یا شدن از   deprive of

It's made of wood.

در نمونه دوم اگر جنس منظور نباشد بلکه کشور را بخواهیم ، از ((in)) استفاده میکنیم:

ساخت ژاپن   It's made in Japan.

c) با واژه course قید تاکید میسازد:

Do you want it? Yes; of course.

8) By

a) نشانگر ابزار است و معنی ((با)) و ((بوسیله)) می دهد:

by taxi   by train

by plane   by boat

b) اصطلاح میسازد :

by all means   به هر وسیله ممکن

c) معنی نزدیک و پهلوی چیزی یا کسی میدهد :

He is standing by the door.   پهلوی در ایستاده .

d) با فعل در معنای ((آماده بودن)) می آید :

stand by   آماده و حاضر ایستادن

e) معنی بوسیله یا از طریق میدهد :

It's been done by me.   من این کار را انجام داده ام .

f) بعنوان میان وند هم بکار میرود :

step by step   گام به گام

little by little   کم کم

day by day   روز به روز

9) to

a) معنی ((به)) می دهد :

I said to you   به تو گفتم

b) معنی ((پیش)) و ((نزد)) کسی میدهد :

I came to you.   پیش تو آمدم .

البته جمله He is with me هم به نوعی همان معنای ((پیش)) و ((نزد)) را دارد .

c) در ترکیب from … to برای فاصله زمانی و مکانی گفته شد.

d) برای پیوند دو فعل بکار می رود که به آن infinitive یا مصدر میگویند:

I want to tell you. می خواهم به تو بگویم.

e) در آغاز جمله نیز می آید و معنای ((برای)) می دهد:

to know how to work;

برای اینکه بدانیم چگونه کار کنیم؛

to be a good writer; برای نویسنده خوب شدن؛

f) با next ترکیب می شود و قید مکانی می سازد:

next to کنار، پهلوی = close to = beside

He is next to me. = He is beside me.

g) در معنی ((برای)) با فعل می آید:

Please, explain it to me.

10) As

a) معنی ((بعنوان)) و ((مثل و مانند)) می دهد: میتواند حرف پیوند ، اضافه یا قید باشد.

What's your opinion as a student? به عنوان دانش آموز؛ نظرت چیه؟

b) به معنی ((بدلیل اینکه))، ((چونکه)) بکار میرود:

As we know the market …   چون بازار را می شناسیم، بدلیل شناخت بازار ...

در این مورد از کلمه because رسمی تر است و میتوانیم آن را با since یکی بدانیم.

c) با if همیشه در معنی انگار، مثل اینکه بکار میرود.

Let's pretend as if this never happened.

بیایید وانمود کنیم انگار همچین اتفاقی نیفتاده است.

11)   like

a) معنی ((همانند و مثل)) می دهد:

She loves a man like you!   او عاشق مردی همانند توست.

b) با would ترکیب میشود و برای دعوت و گفتمان رسمی بکار میرود:

Would you like to come with me?   دوست داری با من بیای؟

c) با افزودن ((ly)) میتوانیم آن را به قید یا صفت تبدیل کنیم:

It's likely to rain.   شاید باران ببارد. (قید)
It's likely.   ممکن و محتمل است. (صفت)

12)   through

a) معنی از طریق، از میان و ... می دهد:

We passed through the mountains.   از میان کوهستان ها گذشتیم.

b) به همراه برخی فعل ها نیز بکار میرود:

I've never come through a translation like this.

هرگز به ترجمه ای اینچنین برخورد نکرده ام یا ندیده ام.

c) معنی ((در خلال)) یا ((در میان)) می دهد:

Through the days — در طی روزها، در خلال روزها

d) حرف اضافه during هم به این معنی نزدیک است اما جزئی تر می شود:

during this year — در خلال امسال

during 2004 — در طی سال 2004

e) با out ترکیب میشود و معنای قیدی میدهد:

throughout the world — در سراسر جهان

throughout the history — در سراسر تاریخ

13) across, along

a) این دو برای نشان دادن عرض و طول جایی بکار میروند.

across the street — در عرض خیابان

along the river — در امتداد رودخانه

across the pitch — در عرض میدان بازی

alongside him — دوشادوش وی، در کنار وی

Conjunctions   واج های پیوندی (= حروف ربط)

این گونه حروف دو جمله ای را به هم پیوند می زنند که یا در راستای هم هستند و یا در تضاد با یکدیگر:

He is a good coach <u>but</u> we don't want him anymore.

مربی خوبی است <u>اما</u> دیگر او را نمیخواهیم.

He is very smart <u>and</u> energetic man.

او خیلی باهوش است و آدم پر انرژی است.

However هم در آغاز و هم در میان جمله می آید:

We want to help you; <u>however</u> we have some limitations.

هر چند محدودیت هایی داریم، میخواهیم به شما کمک کنیم.

Till, Until هم حرف اضافه و هم حرف ربط هستند. البته شکل درست و اصلی Till با یک حرف (l) درست است:

From night <u>till</u> morning.   از شب تا صبح
     حرف اضافه

I'll stay here <u>until</u> he comes back.   اینجا خواهم ماند تا او برگردد.
     حرف ربط

We can't move <u>unless</u> he orders.   نمی رویم تا او دستور بدهد.
     حرف ربط

Unless we show our ticket, we can't get in.

تا بلیط هایمان را نشان ندهیم، داخل نمیتوانیم برویم.

(unless = if not)

Because برای دلیل آوردن و علت چیزی را گفتن بکار میرود:

I like her **because** she is very kind.

از او خوشم می آید **چون** مهربان است.

در این معنی دو واژه دیگر داریم که since درآغاز جمله می آیند و for در میان جمله و برای انگلیسی رسمی و نوشتاری است.

ترکیب because of زمانی بکار می رود که پس از آن یک اسم یا فعل با ing بکار رود:

I made that mistakes because of you.

بخاطر تو بود که اشتباه کردم.

Because of having bad temper, I don't like to see him.

بخاطر خلق و خوی بد، دوست ندارم او را ببینم.

❖ Though و Although به معنای اگر چه، هر چند که هستن که آنها شکل تاکیدی even though می باشد:

He is always here; I don't see him, though.

هر چند او را نمی بینم اما همیشه اینجا می آید.

Although, they come here, I don't talk to them.

اگر چه اینجا می آیند اما با آنها صحبت نمیکنم.

تفاوت این دو در قرار گرفتن آغاز و پایان جمله هاست. اما در معنی تغییری ایجاد نمی کنند.

حرف as به همراه if برای پیوند دو جمله بکار می رود که شکل رسمی like و as though میباشد:

You look as if you're scared of something.

انگار یا گویا از چیزی ترسیدی.

این ترکیب برای مقایسه و سنجش (= Comparison) نیز بکار میرود که با توجه به زمان، دو بخش واقعی و غیر واقعی دارد:

He looks as if he knows us. انگار ما را می شناسد. (واقعی)

حال ساده

He looks as if he knew us انگار ما را می شناسد. (غیرواقعی)

گذشته ساده

They stared at me as if I were stranger.

طوری نگاه می کردند که انگار غریبه ام.

در این ترکیب برای همه اشخاص were بکار می بریم.

It seems as if it's going to rain. به نظر میرسد میخواهد ببارد.

گفتار نهم: اصطلاحات، ساعت، پرسشهای کوتاه و همراهی:

در این بخش به عبارت هایی می پردازیم که هر زبان آموزی باید یاد بگیرد چرا که گاهی شما دو جمله را میدانیدا اما

عبارتی که این دو را به هم پیوند میزند، برایتان ناآشناست. برای نمونه به دوستتان می گویید. **به محض اینکه** آنجا برسم، شروع به رفتن به دانشگاه می کنم. این عبارت شاید چندان سخت و مهم نباشد اما بخشی از ذهن شما را درگیر میکند تا آن را در ذهن خود پیدا کنید و ترجمه و سپس روی زبان بیاورید. حالا ترجمه دو جمله بالا:

<u>As soon as</u> I get there; I'll start going to university.

در ذهن خود، جستجو کنید و ببینید چقدر از این اصطلاحات را می شناسید.

Internet is important, <u>in fact</u>; it's A necessity.

اینترنت مهم است، <u>در حقیقت</u> یک نیاز است.

You can stay here <u>as long as</u> you wish.

میتوانی تا هر زمان که بخواهی اینجا بمانی.

<u>Even if</u> I had money, I wouldn't give her.

حتی اگر پول هم داشتم، به اونمی دادم.

<u>By the way</u>, my name is Masoud.

<u>راستی</u> اسم من مسعود است. (این اصطلاح را برای عوض کردن بحث و موضوع اصلی بکار ببرید).

<u>How long</u> have you been here?   چند وقت است که اینجا هستی؟

He is <u>not only</u> a businessman <u>but also</u> a good teacher.

نه تنها یک تاجر، بلکه معلم خوبی هم است.

I want <u>both</u> this <u>and</u> that.   هم این را میخواهم و هم آن را.

I need neither this nor that. نه این را میخواهم و نه آن را.

You can take either this or that. میتوانی این را برداری یا آن را.

It doesn't matter whether you take this or that.

چه این را ببری و چه آن را، مهم نیست.

❖ another به عنوان صفت و به معنای ((دیگر)) بکار میرود:

Another two days دو روز دیگر Another house خانه دیگر

Give me another one. یکی دیگر به من بدهید.

❖ other به عنوان صفت با اسم مفرد و جمع می آید:

I have no other pen. خودکار دیگری ندارم.

None of my other friends helped me.

هیچکدام از دوستان دیگرم به من کمک نکردند.

❖ others صورت جمع آن است و بیشتر یک ضمیر مبهم است:

Some people like to stay home but others like to go out.

برخی افراد دوست دارند خانه بمانند اما دیگران دوست دارند بیرون بروند.

the others → the other people

I come here every other day.

یک روز در میان به اینجا می آیم.

Long time no see! Where have you been?

خیلی وقت است ندیدمت! کجا بودی؟

Having said that = that being said!

هرچند که ، اما ، این را گفتم اما

It's a very nice car. Having said that, I can't afford it.

ماشین خوبیه اما ، هرچند که نمیتونم بخرمش.

I'm all ears, please explain.

خواهش میکنم توضیح بدهید، سراپا گوش هستم.

I don't want to see you anymore. = I want to see you no longer.

دیگر نمی خواهم تو را ببینم.

اولی با فعل منفی می آید و **دومی** با فعل مثبت اما معنی آن همچنان منفی است.

He knows everything from A to Z.

او از سیر تا پیاز این ماجرا با خبر است.

There is no justice, that's the way of the world.

هیچ عدالتی نیست، تا بوده همین بوده.

He is hard-working besides he loves his family.

او انسان سخت کوشی است علاوه بر این، عاشق خانواده اش است.

In addition to = Aside from this place, we must clean the rooms.

علاوه بر این جا، باید اتاق ها را هم تمیز کنیم.

It's raining tonight, but, we will go party anyway.

امشب باران می آید. به هر حال ، ما مهمانی میرویم.

(وقتی دو جمله با هم در تضاد هستند آن را بکار ببرید.)

It's expensive but, I'll buy it anyway.

گرونه .به هر حال من میخرمش!

Come with us <u>or</u> / <u>otherwise</u> / <u>or else</u>, you will lose the match.

با ما بیا وگرنه=در غیر این صورت، مسابقه را از دست میدهی.

I come with you <u>on condition that</u> you get silent.

با تو می آیم به شرطی که / با این شرط که ساکت باشی و حرفی نزنی.

Can you lift this box for me?

میتوانی جعبه را برای من بلند کنی؟

Sure; <u>piece of cake</u>. بله مطمئنا، <u>مثل آب خوردن.</u>

<u>Based on</u> new findings, بر پایه یافته های جدید،

<u>According to</u> your statements, he is guilty.

بر اساس گفته های شما، وی گناهگار است.

Everybody went home <u>except</u> you. همه به جز تو به خانه رفتند.

در این معنی، به جای **except** میتوانید از **but** هم استفاده کنید:

All of the people voted **<u>but</u>** you.

همه افراد **<u>به جز</u>** تو رای دادند.

<u>What difference does it make</u> if you stay here or you go there?

<u>چه فرقی میکند</u> اگر اینجا بمانی یا آنجا بروی؟

It's up to you.	به خودت بستگی داره.
It depends on you.	به خودت بستگی داره.
As you wish . / as you like.	هر جور میلت هست. / هر جور دوست داری.
Do you like to go there?	دوست داری آنجا بروی؟
Yes, <u>why not</u>?	بله، چرا که نه؟
<u>How often</u> do you travel?	چند وقت به چند وقت (هر چند وقت یکبار) مسافرت می روی؟
once a month	ماهی یکبار
twice a year	سالی دوبار
three times a year	سالانه سه بار
It's hard but I take your side.	سخت است اما به تو حق میدهم.
Please, don't be shy!	خواهش میکنم خجالت نکش! (نکشید)
Help yourself!	از خودت پذیرایی کن!
Make yourself at home!	اینجا را خانه خودت بدان!
Don't be short with me!	با من رو در بایستی نکن!
As far as I know = To the best of my knowledge.	تا آنجا که من میدانم. (اطلاعاتم صد در صد نیست، مطمئن نیستم).

Once upon a time; there was a king who ...

روزی روزگاری پادشاهی بود که ...

I swear to God ...

به خدا سوگند می‌خورم ...

Upon my life ...

به جانم سوگند ...

Believe me or not; but I swear to quit smoking.

باور کنی یا نه؛ قول شرف میدهم سیگار کشیدن را ترک کنم.

You can take as much as / as many as you like.

هر چقدر که / هر چند تا که دوست داری، میتوانی برداری (بخوری).

What do you do <u>for a living</u>?

برای گذراندن زندگی = امرار معاش چکار می کنی؟

کارت چیه؟

He is always <u>on time</u>.

همیشه سر وقت و بموقع می آید.

They are always <u>late</u>.

همیشه دیر می آیند.

What kind of drink would you like?

چه نوع نوشیدنی میخواهید؟

Still or sparkling?

بدون گاز یا گازدار؟

Let my heart be still!

بگذار دلم آرام باشد!

Haven't you finished yet?

هنوز (کار را) تمام نکرده ای؟

تفاوت still و yet در این است که yet در جمله های منفی و پرسشی اما still در جمله های مثبت و پرسشی می آید:

No, not yet.	نه ، نه هنوز (هنوز کار را تمام نکرده ام)
I'm still working.	هنوز مشغول کار هستم .
I left many things behind.	خیلی وسیله ها را جا گذاشتم . (خیلی چیزها را فراموش کردم)
He is behind you.	او پشت سر توست .
behind the scene.	پشت صحنه ، آنسوی ظاهر
beyond this universe.	در آنسوی این جهان .
<u>beyond</u> the realms of death.	آنسوی مرزهای مرگ .
It's <u>beyond</u> our understanding.	بالاتر از درک و فهم ماست .
<u>Regarding</u> your own statements!	با توجه به <u>حرفهای</u> خودت ، جنابعالی
<u>Contrary to</u> whatever you told me.	<u>برعکس</u> آنچه به من گفتی .
It's on the contrary.	برعکس است .

❖ در این معنی این اصطلاح با opposite یکی است.

So far, so good!	تا حالا که همه چیز خوب بوده است ! (همه چیز به خیر گذشته)
Let it be confidential!	بگذار محرمانه و خودمانی باشد !
Let it be!	(در تعارف) بگذارید باشد !، مال خودتان !

Keep the change! (کرایه ماشین و ...)باقیش برای خودت!

So کاربرد فراوان دارد:

So nice! بسیار زیبا!

So; we can start بنابراین، میتوانیم آغاز کنیم.

چندین جمله می گویید و سپس برای نتیجه گیری آن را می آورید.

How are you today? امروز حالت چطوره؟

So – So ای، بَدَک نیستم، نه خوب نه بد.

So many years سالهای بسیار زیاد

It was so **delicious** that I ate it all.

آنقدر غذا خوشمزه بود که همه آن را خوردم. **صفت**

Shame on you! خجالت بکش!

For shame!

خجالت هم خوب چیزیه!

We give them money, they work for us in return.

ما به آنها پول می دهیم آنها در عوض

برای ما کار می کنند.

In spite of = Regardless of = despite

علارغم اینکه ، با وجود ،

In spite of (=Regardless of) many family issues, he is still working hard.

با وجود مشکلات خانوادگی فراوان ، هنوز داره سخت

کار میکنه.

* **Despite** your age, health and financial situation, you are doing great.

علارغم سن وسال، تندرستی و وضعیت مالی تون، داری خوب پیش میری. کارت خوبه.

* پس از دومی حرف اضافه Of قرار نمی گیرد.

Robots must serve men not <u>Vice Versa.</u>

رُبات ها باید به انسانها خدمت کنند نه اینکه <u>بر عکس</u> باشه.(**آنها در خدمت انسانند نه انسان در خدمت آنها**)

God has created the universe for us not <u>Vice Versa.</u>

خداوند جهان را برای ما آفرید نه ما را برای جهان.

To get something or someone wrong!

اشتباه گرفتن ، درست نفهمیدن ، درست متوجه نشدن

<u>Don't get me wrong</u>. He is really a <u>punctual</u> person!

<u>بد برداشت نکنی</u>(منظورم را بفهم) آدم واقعا <u>وقت شناسی</u> است. (همیشه سر وقت میاد).

Oh Man! you got it all wrong!

رفیق! اصلن داستان را (قضیه را)نفهمیدی، نگرفتی.

در پایان برخی پاراگرافها، این واژه and etc را می بینید که به معنای (و غیره) می باشد اما در گفتگوها به جای آن and so on می گویند.

<u>Such as</u> English, Persian, <u>and ete.</u> مانند زبان انگلیسی،فارسی و غیره

❖ اصطلاحات ساعت:

What time is it?

A quarter past 5:00 — یک ربع از پنج گذشته

A half past 3:00 — سه و نیم

A quarter to 3:00 — یک ربع به سه مانده

A.M — نشانگر صبح تا ساعت 11:59:59

P.M — نشانگر ظهر تا پایان شب 23:59:59

اگر صحبت از دو نفر باشد میگوییم between و گرنه واژه among را برای جمع بکار میبریم:

between me and you — میان من و تو

between two walls — میان دو دیوار

I saw him among the people — او را در میان مردم دیدم

I'm <u>on</u> your <u>side</u>, they are <u>against</u> us.

من طرفدار شما هستم، آنها مخالف یا دشمن ما هستند.

Practice it <u>over and over again</u>.

بارها و بارها آن را تمرین کنید.

❖ هرگاه سخن از واژه ((همدیگر)) در میان باشد، به دو صفت زیر برمی خوریم:

We love <u>each other</u>. — عاشق همدیگریم (= دو نفر)

We must help <u>one another</u>.

باید به همدیگر کمک کنیم (= بیش از دو نفر)

در انگلیسی روزانه گاهگاهی به جای هم بکار می روند که اشکال چندان برجسته ای نیست.

Who is knocking the door?   کی در میزند؟

در پاسخ به این موقعیت ها، چنین عمل کنید:

It's <u>me</u>.

ضمیر مفعولی

اما شکل رسمی آن It's I می باشد یعنی بکار بردن ضمیر فاعلی نه ضمیر مفعولی.

Tag questions!

در انگلیسی همانند زبان فارسی برای تاکید، جمله های کوتاهی پرسیده میشود. رعایت زمان و پیدا کردن فعل کمکی از مهمترین نکته های این بخش به شما می رود:

He is a welder, isn't he?

او جوشکار است، اینجور نیست؟

She is a nurse, isn't she?   او پرستار است، نیست؟

You are tired, aren't you?   خسته ای، مگه نه ؟ اینجور نیست

They haven't eaten, have they?   غذا نخورده اند، درسته؟

هماهنگی برای مثبت و منفی دو جمله ضروری است. هرگاه جمله سمت چپ منفی باشد جمله سمت راست مثبت است و برعکس:

We will not go, will we?

They were with us, weren't they?

It was a good day, wasn't it?

❖ موارد استثنایی هم هست مانند:

Do it please, will you?

خواهش میکنم این کار را انجام بده، انجام میدی؟

Let's go, <u>shall</u> we?

بیایید برویم میشه؟

I <u>am</u> broke, <u>aren't</u> I?

ورشکسته شدم نه؟ مگه نه؟

Agreement Sentences !   * جمله های همراهی !

I went to shopping center yesterday.   دیروز به مرکز خرید رفتم.

I did <u>too</u>.   من هم همینطور. (مثبت)

<u>So</u> did I.   من هم همچنین. (مثبت)

I didn't see Mr. White.   من آقای وایت را ندیدم.

I didn't <u>either</u>.   من هم همینطور.

<u>Neither</u> did I.   من هم همچنین. (منفی)

به این نوع جمله ها موافقت در زبان می گویند که دو نمونه اول یعنی so (در آغاز جمله) و too (در پایان جمله) برای جمله های مثبت و either (در پایان جمله) و neither (در آغاز جمله) برای جمله های منفی بکار میروند. با این تفاوت که جمله ای که با neither می آید، ظاهرش مثبت است اما معنای منفی دارد.

به زمان در اینگونه ساختارها نگاه کنید و سپس فعل کمکی را بیابید و در جمله قرار دهید:

I am a teacher. → I am too.   من هم همچنین.

I have been to China. → So have I.

He wasn't there. → I wasn't either.

They will not play. → Neither will I.

نقل قول مستقیم و غیر مستقیم

Direct and Indirect Speech !

هرگاه سخن کسی را بی کم و کاست بازگو کنیم سخن ما نقل قول مستقیم است:

He said, " I will go "
Mike said, " open the door "
John said, " where do you live?"
James said, "how nice it is "

می بینید که این گفته ها در چهار شکل خبری، امری، پرسشی و بیان شگفتی بکار رفته اند.

برای تبدیل این جمله ها به نقل قول غیر مستقیم باید به چند نکته توجه کنیم:

1- برداشتن کاما
2- پیدا کردن ضمیرو صفت درست و مربوطه
3- تطابق زمان در جمله های گزارشی
4- تغییر برخی واژگان زمان و مکان
5- پیدا کردن رابط دو جمله که بیشتر در گزاره های خبری That است.

بنابراین، گزاره های بالا به این گونه هستند:

He said that he would go.
Mike said to open the door.
John asked where I lived.
James exclaimed how nice it was.

اگر جمله دستوری یا امری بالا منفی باشد به این شکل می نویسیم:

Mike said <u>not to</u> open the door .

whether و If در جمله های پرسشی بکار می روند:

He said to me," do you live <u>here</u>?"

He <u>asked</u> me if / whether I lived <u>there</u>.

به تغییر قیدها نیز توجه کنید.

چند نمونه دیگر برای روشن شدن بهتر نقل قولها:

گذشته ساده   He said, " I <u>know</u> you "   He told that He <u>knew</u> me.

My friend said, " I <u>am listening</u> to music"

گذشته استمراری   My friend told that he <u>was listening</u> to music

Tom said, " He <u>hasn't seen</u> me for a long time"

گذشته بعید   Tom told that he <u>hadn't seen</u> me for a long time.

Ali said to me, " I <u>will</u> see you"

آینده در گذشته ساده   Ali told me that He <u>would</u> see me.

My brother said, " I <u>will be playing</u> football"

آینده در گذشته استمراری   My brother told that He <u>would be playing</u> football.

Ann said, " I was listening to you"

گذشته استمراری بعید   Ann told that She had been listening to me.

دو زمان گذشته کامل و گذشته کامل استمراری در نقل قولها تغییر نمی کنندو به همان صورت باقی می مانند:

The student said, " He <u>had left</u> school"

The student told that He <u>had left</u> school.

His father said, " He had been working for two hours"
His father told that he had been working for two hours.

همه اشاره های نزدیک به دور تبریل می شوند :

This---------------that
These-------------those
Here---------------there
Now----------------then
Yesterday---------the last day
Tomorrow---------the next day/the following day
next week----------the following week
the last year--------the previous week

افعال کمکی وجهی به گذشته می روند :

Can----------------could
Will------------------would
May-----------------might
Shall-----------------should

He siad, " I can go"
He told that he could go

Allen siad, " You will go next week"
Allen told that I would go the following day.

Hassan said, " I may play Tennis"
Hassan told that he might play tennis.

کاربرد حرف پیوند اختیاری است و می توان آن را بکار نبریم :

He siad (that).....

گفتار دهم: تکنیک های یادگیری و روشهای پیشنهادی!

کتابی که پیش روی شماست؛ نتیجه چندین سال یادگیری و آموزش زبان انگلیسی است و بصورت تجربی، روش هایی پیدا کرده ام که می تواند در یادگیری هر زبانی موثر و کارگر باشد. مهمترین نکته ای که باید بدانیم این است که صحبت کردن به یک زبان دیگر و با فرهنگ و هنجارهای دیگر تنها یک توانایی (= Ability) است نه یک استعداد (= Talent) و یا یک نعمت و هدیه آسمانی (= Gift) زیرا با چنین پنداری؛ شما همیشه میتوانید بر روی کم کاری ها، سرپوش بگذارید و به نوعی تنبلی و تن آسایی خود را توجیه نمایید. من گمان میکنم اگر بتوانیم به این پرسش، پاسخ درستی بدهیم؛ بخش مهم و اصلی از کار را پیموده ایم. پرسش این است:

چرا زبان انگلیسی را باید یاد بگیریم؟

اگر هر کسی بتواند پاسخی مناسب برای این پرسش در ذهن خودش پیدا کند، به گونه ای، راه را هموار نموده است تا روند یادگیری و آموزش به سرعت پیش برود.

در چنین زمانی، هر کسی میتواند به آسانی هر زبانی را و به هر میزان که دوست داشت، فرا گیرد. چرا که دیگر نمیتوان ادعا نمود که زبان یک استعداد است و اگر فلانی و فلانی میتوانند صحبت کنند، حتما از من بهتر و بااستعدادتر هستند. بحث و گفتگوی بنده بیشتر روی ارزش کار است. یعنی در صورت یافتن ارزش هر کاری، دیگر نمیتوان گرداگرد آن کار، خرافات و فلسفه بافی کنیم. دوم اینکه بدانید و مطمئن باشید که با کوشش و تلاش شبانه روزی میتوان به هر خط پایانی برسیم. پس دیگر شایسته نیست که همیشه گلایه کنیم از اینکه دیگران حتما استعدادهای ویژه ای دارند و من از آن محروم هستم.

فراموش نکنیم با **وقت** گذاشتن بطور شایسته و **انرژی** فراوان میتوان به هر دست نیافتنی، دست یابیم، اگر گاهی هم عامل **هزینه** را به این دو بیفزاییم بهتراست. چون برخی از منابع تنها با پرداخت هزینه، در دسترس ما قرار خواهند گرفت.

پس این سه فاکتور، مهمترین پایه های یادگیری هستند: وقت، انرژی و هزینه.

همه ما به اندازه کافی این سه عامل را داریم یا دست کم میتوانیم با یک میانبر، راه یادگیری را برای خودمان هموار کنیم.

از شما می خواهم تا این روش ها و تکنیک ها را کار کنید تا بتوانید روند یادگیری زبان را خوب پیش ببرید. فراموش نکنید شما هم می توانید با بکارگیری یکسری راه حل ها، ذهن و زبان خود را پرورش بدهید:

1) یادداشت برداری: Taking notes

کوشش کنید یک دفتر فراهم کنید و آن را به بخشهایی با موضوع ویژه درآورید. برای مثال یک بخش را به واژه گان مترادف و متضاد اختصاص بدهید و بخشی دیگر را به واژگان پزشکی و بخشی دیگر را به حقوق یا اقتصاد و به همین روش پیش بروید. پس از هر بار یادداشت نمودن، برای یادگیری آن واژه یا اصطلاح، به اندازه کافی وقت بگذارید و کوشش کنید هر چند وقت به چند وقت، به این دفتر نگاهی بیندازید و آموخته های خود را تکرار کنید. شما با این روش به خوبی میتوانید بخش بزرگی از واژگان و اصطلاحات زبان را یاد بگیرید. از طرف دیگر، سعی کنید هر آنچه را می آموزید، بصورت گفتاری یا نوشتاری نیز کار کنید. با این کار شما آموخته های خود را ساماندهی می نمایید و می توانید درک درستی از آنها داشته باشید. دوم اینکه در صورت نیاز ذهن آدمی می تواند به سرعت آن واژه یا اصطلاح را پیدا کند. درست همان کامپیوتر است که با یک جستجوی ساده میتوان به یک بانک اطلاعات دست پیدا کنیم که همه چیز در آن ساماندهی شده است.

2) دوست: Partner

اگر در روند کاری و یادگیری دوستی داشته باشید که او هم همانند شما میخواهد زبان بیاموزد، میتواند بهتر به شما در گفتگوها و بویژه بخش شنیداری کمک نماید. با دوستتان، آموخته ها را تکرار کنید و با یکدیگر نقش بازی (Role play =) نمایید. بدین گونه که یکبار او فروشنده (salesman =) و شما خریدار (customer =). بعد از پایان گفتگو، جای خود را عوض کنید و دوباره مکالمه یا گفتگو را از سر بگیرید. سعی کنید همدیگر را به روشی درست نقد کنید وانگیزه اصلی شما بهبود بخشی وضعیت زبانتان باشد.

دوست شما در روند آموزش میتواند؛ خواهر، برادر، آشنایان، دوستان نزدیک، همسر و شوهرتان باشد. از نشستن روبروی هم و رسمی گفتگو کردن با همدیگر به هیچ وجه خجالت نکشید. به همدیگر وقت بدهید تا فکر کنید و پرسش و پاسخ درست را در ذهن پیدا کنید. هرگز از تشویق نمودن و امیدوار کردن همدیگر، کوتاهی نکنید. شما میتوانید برای همدیگر، یک روانشناس خوب باشید که گام به گام به همدیگر کمک می کنید.

3)مواد درسی یا آموزشی:
Materials

کتابی که پیش رو دارید، برای آموزش جزئیات کامل زبان کافی نیست و هرگز چنین موضوعی نیز ادعا نشده است، بلکه یک دیدگاه و تصور کلی از زبان به شما می دهد تا بتوانید گفتگوها و نیازهای روزانه خود را پیش ببرید و در ارتباط با دیگران دچار مشکل نشوید. اما مواد درسی شما نباید تنها به این کتاب محدود گردد، شما میتوانید بخش بزرگی از دایره واژه گان و اصطلاحات را از روزنامه ها، رسانه ها، مجله ها، تلویزیون و بویژه اینترنت یاد بگیرید و در ساختارهای گفته شده بکار ببرید.

امروزه مواد درسی و آموزش برای هر زبانی چندان فراوان است که دیگر هیچ بهانه ای نمیماند تا کسی بخواهد کم کاری و تنبلی خودش را توجیه نماید. اگر اینترنت در دسترس شماست، میتوانید با نگاهی به آن و جستجوی جزیی به هزاران سایت آموزشی انواع زبان ها دست پیدا کنید که شاید دیگر نیازی به خواندن هیچ کتابی در این زمینه نباشد. می توان انواع کتابهای الکترونیکی یا E-books را از اینترنت دریافت کنید.

4) گفتگوبا آیینه : Talking to mirror

شاید برای برخی افراد و زبان آموزان جای تعجب باشد که چگونه می توان از طریق آیینه، زبان آموخت و یا اینکه می دانند اما از انجام این کار خجالت میکشند. گفتگو با آیینه روش خوبی برای فن بیان و دور انداختن ترس و خجالت است چرا که شما همیشه یک نفر را روبروی خودتان احساس میکنید و با او تمرین می کنید. هر چند به ظاهر خسته کننده و یکنواخت می آید اما در طولانی مدت میتواند حس خودباوری و شجاعت گفتگو کردن را به شما بدهد. کوشش کنید در این روش موضوعی را پیدا کنید و درباره آن با شخص خیالی و پنداریِن روبرویتان گفتگو کنید. مهمترین بخشی که در این روش می تواند به شما کمک کند، پرسش مطرح کردن است. تلاش کنید پرسشهای فراوانی بسازید که نیاز به پاسخ از طرف شما دارد.

5) انشانویسی: Writing a composition

انشا نویسی یکی از بهترین روشهای یادگیری و حرفه ای شدن در زبان است، این کار میتواند به چندین روش، انگلیسی شما را بهبود دهد:

a) بخش نوشتاری یا writing شما را قوی میکند.
b) شناخت و دانش زبانی شما را گسترش می دهد.
c) در بخش گفتاری یا speaking میتواند بسیار

موثر باشد.

d) از دیدگاه دستوری یا Grammar میتواند کمک فراوانی کند.

آنچه را که می نویسید از راه دریچه چشم به ذهن شما می رود و از آن تصویرسازی میشود که در هنگام نیاز، این تصویر میتواند به آسانی و همانند واژه روی زبان شما جاری شود. تجربه کاری نشان داده است زبان آموزانی که می نویسند، بهتر و سریعتر حرف میزنند تا آنهایی که از این روش پیروی نمی کنند.

برای نوشتن نیازی نیست که حتما از کسی موضوعی را دریافت کنید بلکه این نوشتن میتواند از یک معرفی ساده آغاز شود تا یک نوشتار علمی و بسیار مهم. در آغاز شاید این کار، کمی سخت باشد اما بتدریج می آموزید که چگونه باید یک متن را پرورش دهید و آن را به یک مقاله یا نوشتار رسمی درآورید.

همیشه پس از هر نوشته ای، آن را به معلم یا استاد خودتان نشان دهید و با صبر و شکیبایی کوشش کنید اشکالات خود را پیدا کنید و سپس در نوشتار بعدی، روش درست را پیش بگیرید. در آغاز نیازی نیست که چندان پایبند دستور و هنجار رایج باشید بلکه به ذهن خودتان اجازه بدهید تا روی کاغذ جولان کند و هر آنچه را دوست دارد، روی کاغذ بیاورد. برای نمونه با این پرسش آغاز به نوشتن کنید و ببینید که چقدر می توانید درباره این موضوع، بنویسید:

Why should we learn English language?

چرا ما باید زبان انگلیسی را بیاموزیم؟

خوب فکر کنید و آنچه را در ذهن دارید، روی کاغذ بیاورید. هرگز از غلط نویسی و اشتباه نویسی نترسید. تنها به آن موضوع بیندیشید و ذهن خود را خالی کنید.

یا میتوانید درباره این موضوع بنویسید:

How can I learn English?

چگونه میتوانم زبان انگلیسی را یاد بگیرم؟

6) روش ترجمه :

Translation

یکی از بهترین روشهای کاربردی این است که هر آنچه را در اطراف ماست، خوب بررسی کنیم و ببینیم که آیا میتوانیم آنها را ترجمه کنیم. این کار به شما کمک می کند تا همیشه در برخورد با آن واژگان و اصطلاحات، وقت کمتری هدر بدهید و در عوض به سرعت آنها را ترجمه کنید. اگر تابلویی را می بینید و یا یک نوشته روی دیوار، پرچم، مغازه، مرکز خرید و هر جای دیگر، بتوانید ترجمه کنید، مطمئن باشید این واژگان همیشه در ذهن شما خواهند ماند.

اما مهمترین بخش در ترجمه و این روش ، آن است که <u>همیشه به گفته ها و صحبت های دیگران خوب گوش بدهید و در همان لحظه کوشش کنید آنها را در ذهن خود ترجمه و تمرین کنید.</u> شاید کمی برای شما سخت باشد اما در مدت طولانی به قدرت ذهنی و زبانی شما کمک می کند. از طرف دیگر نیازی نیست همه گفته های دیگران را ترجمه کنید بلکه تنها ترجمه آن بخش را که نمی دانیم بسنده است.

7) تجربه های دیگران :

Experiences of others

هرگز فردی خود محور نباشید. دیگران همیشه اندوخته هایی از ناگفته ها و تجربه های ارزشمند دارند که می توانید از آنها بهره مند شوید. روشهای آنها را برای یادگیری بپرسید. زیرا این کار در حقیقت، جهش به چند پله بالاتر است و راه های رفته دیگران را به آسانی تجربه میکنید. برخی از افراد به اصل یادآوری یا Reminding principle پایبند هستند یعنی زبان را با یک تصویر از زبان مادری خود می آموزند. بعضی ها همیشه کتابهای داستان کوتاه به همراه دارند.

کسانی هستند که با دستگاههای الکترونیک مدرن کار می کنند که به چندین زبان ترجمه می کنند. برخی از زبان آموزان همیشه با mp3، mp4 یا هر دستگاهی که پخش صوتی دارد، سرکار میروند و از وقت های به اصطلاح مرده خود (= Dead times) بهره مند می شوند.

برخی دیگر همیشه به آهنگ های خارجی گوش می دهند و واژگان و شعرها را پس از مدتی با خواننده تکرار می کنند که این کار مایه بهبود لهجه و گویش آنها می شود.

فراموش نکنید یکی از راه گوش، واژگان را به خوبی به خاطر می سپارد و دیگری با دیدن یک واژه برای یکبار، کافی است که همیشه آن را در ذهن خود داشته باشد، پس به این دلیل، تجربه ها را از دیگران بیاموزیم تا ببینیم ما چگونه یاد می گیریم.

پیوست شماره (1)

برخی از فعل های بی قاعده

Irregular verbs

Present	meaning	past	past participle
am, is, are	بودن، هستن	was, were	been
have, has	داشتن	Had	had
do, does	انجام دادن	Did	did
Speak	صحبت کردن	spoke	spoken
Write	نوشتن	wrote	written
Come	آمدن	came	come
Go	رفتن	went	gone
Read	خواندن	read /rəd/	read
Hit	زدن	Hit	hit
Break	شکستن	broke	broken
Put	قرار دادن	put	put
Make	ساختن	made	made

Take	گرفتن، بردن	took	taken
Shake	تکان دادن	shook	shaken
Steal	دزدیدن	stole	stolen
Get	گرفتن، رسیدن	Got	gotten
Forget	فراموش کردن	forgot	forgotten
Forgive	بخشیدن کسی	forgave	forgiven
Give	دادن چیزی به کسی	gave	given
Present	Meaning	past	past participle
Bring	آوردن	brought	brought
Sing	خواندن	sang	sung
See	دیدن	Saw	seen
Say	گفتن	said	said
Tell	گفتن	told	told
Wear	پوشیدن	wore	worn
Keep	نگه داشتن	kept	kept
Sleep	خوابیدن	slept	slept
Eat	خوردن	Ate	eaten
Drink	نوشیدن	drank	drunk
Throw	انداختن، پرت کردن	threw	thrown
Buy	خریدن	bought	Bought
Sell	فروختن	Sold	Sold

* فعلهای با قاعده که با افزودن ed به گذشته می روند سه تلفظ دارند :

ed.1 در پایان (دِ) تلفظ می شود مانند: Pay**ed** یا Play**ed**

2. یا آن ed در پایان (تِ) تلفظ می شود مانند: match**ed** یا watch**ed**

3. یا ed به شکل (اِد) تلفظ می شود مانند: want**ed** یا Visit**ed**

پیوست شماره (2)

همچنان که زبان فارسی شیوا و شیرین است، یادگیری برخی proverb ها یا ضرب المثل های انگلیسی و اصطلاحات ویژه میتواند به شیوایی و شیرینی زبان شما کمک کند.

1) Easy come, easy go!   باد آورده را باد می برد!
2) Haste makes waste!   عجله کار شیطان است!
3) Pigs might fly!   به حق چیزهای نشنیده!
4) Half a loaf is better than no bread!

یک مو از تن خرس غنیمته! (کاچی به از هیچی!)

5) We are even!   با هم بی حسابیم!
6) It is a herculean task!   کار حضرت فیل است!
7) The honest doesn't need to lie!

آنرا که حساب پاک است، از محاسبه چه باک است!

8) All that glitters, is not gold!

هر گردی، گردو نیست! آواز دهل شنیدن از دور خوش است!

9) God helps those who help themselves!   از تو حرکت از خدا برکت!

10)   Try, try, try again!   از این ستون به آن ستون فرجه!

11)   Stay here until the cows come home!

اینقدر اینجا بایست تا علف زیر پات سبز بشه!

12)   Every tree is known by its fruit!   از کوزه همان تراود که در اوست!

13)   Be a good fellow and do it!   جون من اینکار رو بکن!

14)   Fire is a good servant but a bad master!

آتش که بسوزد، تر و خشک رو با هم میسوزاند!

15)	Murder will out!	خورشید (ماه) پشت ابر نمی ماند!
16)	Take it or leave it!	میخوای بخواه، میخوای نخواه!
17)	They who dance, must pay the fiddler!	

هر کی خربزه میخوره، پای لرزش می شینه!

18)	Time is money!	وقت طلاست!
19)	All roads lead to Rome!	همه جا آسمون همین رنگه!
20)	Money begets money!	پول، پول می آورد!
21)	Birds of a feather flock together!	

کبوتر با کبوتر باز با باز کند همجنس با هجنس پرواز!

22)	Never put off till tomorrow, what you can do today!	

کار امروز را به فردا واگذار نکن!

23)	Experience is the best teacher!	

دود از کُنده بلند میشه! تجربه بهترین آموزگار است!

24)	What goes around, comes around !	

از مکافات عمل غافل مشو! از هر دست که بدهی از همان دست می گیری!

25)	Curiosity killed the cat !	فضولی موقوف!
26)	He is a big Mouth !	آدم دهن لقیه!
27)	Absent heart grows fonder !	دوری و دوستی!
28)	Money doesn't grow on trees !	پول علف خرس نیست!
29)	The grass is greener (on the other side)	مرغ همسایه غازه!
30)	Never judge a book by it's cover	هرگز از روی ظاهر قضاوت نکن

پیوست شماره (3)

این بخش برای فارسی زبانانی است که می خواهند خوانش یا تلفظ یک حرف را در زبان مادری خود یاد بگیرند که بنده کوشش نموده ام به روشی آسان این حرف ها را با برابرهای درست بیان کنم :

1) A

ا‌ی خوانده میشود اما در نامهای فارسی هم آ خوانده میشود مانند Arash و هم اَ مانند Ali و Hasan

2) B

بی خوانده میشود. برای نوشتن نام Bahman صدای اَ می دهد و در Behzad صدای اِ میدهد.

3) C

سی خوانده میشود.

4) D

دی در نام داریوش بکار می رود.

5) E

ای در نام احسان Ehsan بکار ببرید.

6) F

اِف در نام فرزاد Farzad و فرحناز Farahnaz بکار ببرید.

7) G

جی در نام گودرز Goudarz صدای گ می دهد.

8) H

ایچ در نام هاجر Hajar بکار ببرید.

9) I

آی در نام ایمان آن را ای بخوانید. Iman

10) J

جی در نامهای جواد Javad و جاوید Javeed بکار می رود.

11) K

کی در نام کاظم Kazim و کسری Kasra.

12) L

اِل در نام لقمان Loghman و لیلا Laila.

13) M

اِم در نام مجید Majeed، ماجد Majid، مهسا Mahsa

14) N

اِن در نام نیما Nima، ناصر Naser.

15) O

اُ در نام امید Omid.

16) P

پی در نام پیمان Peyman.

17) Q

کی یو گاهگاهی در صدای ق مانند قاسم Qasem بکار می رود.

18) R

آر در نامهای رضا Reza و رسول Rasoul بکار ببرید.

19) S

اِس در نامهای سامان Saman و سحر Sahar بکار می روند.

20) T

تی در نام طاهر Tahir و طاهره Tahereh بکار ببرید.

21) U

یو در نام حسین Hussain صدای اُ کوتاه می دهد.

22) V

وی در نام ولید Valid یا وحید Vahid

23) W

دابِل یو در نام عربی وارث Wareth صدای واو قوی بکار می رود.

24) X

ایکس در نام Xerxes زِرکسیز یا خشایارشاه

25) Y

وای در نام یاسر Yaser و Yasin بکار ببرید.

26) Z

زد یا زی در نام ضیاء Ziya بکار می رود.

برخی از این حروف با برخی دیگر ترکیب می شوند و صداهای تازه ای می سازند مانند:

KH → صدای خ → Khurasan خراسان

ZH → صدای ژ → Zhaleh ژاله

Ch → ش ،ک ،چ صدای → Teacher معلم, Chemistry شیمی, Chef آشپز

چ ک ش

Gh → ق و غ صدای → Ghulam غلام

- صدای Q به تنهایی بصورت ق نیز بکار میرود.

Sh → ش صدای → Shahriyar شهریار

Th → ث صدای → Thaer ثائر {نام عربی}

Th → ذ صدای → Father پدر

Published On Amazon on April 29th, 2021

Made in United States
Troutdale, OR
04/19/2024

19305923R00070